Metatemas 11

Metatemas
Libros para pensar la ciencia
Colección dirigida por Jorge Wagensberg

* Alef, símbolo de los números transfinitos de Cantor

Tusquets Editores

René Thom

PARABOLAS Y CATASTROFES

Entrevista sobre matemáticas, ciencia y filosofía
Edición a cargo de Giulio Giorello
y Simona Morini

Título original: *Parabole e catastrofi. Intervista su matemática, scienza e filosofía*

1.ª edición: diciembre 1985
2.ª edición: junio 1993
3.ª edición: noviembre 2000

Traducción de Manuel Escrivá de Romaní
Diseño de la colección: Clotet-Tusquets
Diseño de la cubierta: BM
Reservados todos los derechos de esta edición para
Tusquets Editores, S.A. - Cesare Cantù, 8 - 08023 Barcelona
ISBN: 84-7223-455-X
Depósito legal: B. 43.654-2000
Impreso sobre papel Offset-F Crudo de Papelera del Leizarán, S.A.
Liberdúplex, S.L. - Constitución, 19 - 08014 Barcelona
Impreso en España

Indice

Advertencia de los editores

Como entrevistadores y responsables de este libro, queremos expresar a René Thom toda nuestra gratitud por la amabilidad y la disponibilidad demostradas en el transcurso de la entrevista y en las distintas fases de preparación del libro. Debemos también profunda gratitud a los amigos Giuseppe Geymonat, Fernando Gil y Jean Petitot por sus utilísimos consejos, sugerencias y críticas. La responsabilidad por los eventuales errores es, obviamente, sólo nuestra.

Las notas han sido redactadas por los editores con el propósito de orientar al lector a lo largo de las distintas referencias del texto.

Giulio Giorello y Simona Morini

Introducción

Pregunta: Es muy difícil —así lo testimonian las polémicas de los epistemólogos— «definir» la ciencia, e incluso trazar una línea sin ambigüedad de demarcación entre lo que es ciencia y lo que no lo es... Pero todo investigador tiene, por lo menos, una idea preliminar, suya, de lo que es una disciplina científica.

Respuesta: Toda ciencia es, antes que nada, el estudio de una fenomenología. Es decir: los fenómenos que son objeto de una determinada disciplina científica aparecen como accidentes de formas definidas de un espacio dado, al que podremos llamar el *espacio substrato* de la morfología que se estudia... En los casos más generales (física, biología) el espacio substrato es simplemente el habitual espacio-tiempo. Pero en ocasiones es necesario considerar como substrato un «espacio» algo diferente, que se deduce, por así decirlo, del espacio macroscópico habitual, o por algún artificio técnico (microscopio, telescopio, etc.), o construyendo un «espacio» con parámetros cuantitativos (¿no decimos, por ejemplo, que la acústica es «la ciencia de los sonidos»? etc.).
Finalmente, ciertas disciplinas, sobre todo en el ámbito de las llamadas ciencias del hombre —y pienso ante todo en la sociología—, todavía se preguntan cuáles son los «hechos» que constituyen su campo de estudio y no han conseguido aún una descripción escuetamente morfológica.

Así pues, se trata de reconocer y conceptualizar formas: desde las ciencias físicas, que durante siglos han constituido el ideal para cualquier ciencia, por lo menos para cualquier ciencia de la naturaleza, hasta las ciencias humanas, ciertamente menos estructuradas que la física e incluso que la biología. Pero ¿me-

diante qué instrumentos intelectuales se produce este reconocimiento y conceptualización?

El primer objetivo, según el punto de vista que asumimos aquí, es el caracterizar un fenómeno como forma, precisamente, «espacial». Comprender quiere decir pues, ante todo, geometrizar. Pero recurrir a la geometría es también recurrir a cierta forma de abstracción, de idealización...

¿En qué sentido?

Para responder doy enseguida algunas ideas básicas de la teoría de las catástrofes, sobre la que volveremos, supongo, a continuación. Aquí sólo quiero trazar las líneas generales de una idealización que es, a mi juicio, indispensable si lo que nos proponemos como programa es una teoría morfológica, una teoría de las formas.

Recuperemos primeramente algunas nociones familiares de topología[1]: entendemos como espacio substrato un abierto de un espacio euclídeo, de dimensión finita[2]. Si u es un punto de tal substrato U, decimos que es *regular* si en todo punto u', «bastante próximo» a u, lo que «hay» en u' tiene la misma «apariencia cualitativa» que en u... En otros términos, u es regular si una esfera de centro u, de radio bastante pequeño, no contiene ningún accidente fenomenológicamente interesante. En tal esfera no ocurre nada.

Las ideas básicas de la topología, según esta idealización, aparecen entonces muy naturales...

A partir de la definición se deriva, inmediatamente, que el conjunto de los puntos regulares es un conjunto abierto en U. Veamos ahora lo que sucede con el complemento K de tal conjunto en U. Este conjunto cerrado K es el conjunto de los *puntos de catástrofe* de la morfología estudiada: si v es un punto de K, en cualquier esfera de centro v «ocurre algo». La palabra «catástrofe» no tiene aquí la connotación negativa que tiene en el lenguaje cotidiano... simplemente, en cualquier punto v del conjunto catastrófico K *las cosas cambian...* Claro está que la distinción entre puntos regulares y catastróficos es relativa... Depende de muchas cosas, de la precisión de nuestros medios de observación, por ejemplo. Examinemos una morfología a simple vista: todo está tranquilo. Pero apenas examinamos con un microscopio su entorno hete aquí que un punto v, aparentemente regular, se muestra catastrófico.

Por otra parte, el conjunto K de los puntos de catástrofe constituye sólo una parte de la morfología empírica estudiada: esta última comporta siempre variaciones continuas de los parámetros cualitativos que no se pueden comprimir en el conjunto K. Pensemos, por ejemplo, en las dificultades con que ha ido encontrándose la teoría de los colores... ¡hasta qué punto es difícil reconocer bordes precisos en los colores del arco iris!

La distinción entre puntos regulares y catastróficos es, pues, una idealización: por así decirlo, reduce toda morfología al simple esqueleto de su discontinuidad cualitativa.

Exacto. Pero no hay que olvidar que tal distinción constituye una de las grandes «categorías» de nuestra forma de percibir el mundo. La encontramos otra vez en psicología (en la teoría de la percepción), en la distinción figura/fondo, en semántica, en la distinción forma/contenido y, como podíamos esperar, en topología general, en el origen de la distinción abierto/cerrado...

Así pues, se podría decir que un objetivo primordial de cualquier disciplina morfológica es el estudio, métrico o topológico, de sus conjuntos catastróficos...

Y, desde este punto de vista, es de primera importancia reconocer si el conjunto de los puntos de catástrofe K es raro (o denso en ninguna parte)[3].

Lo que lleva a otra dicotomía fundamental de nuestra conceptualización de la realidad, aquella a la que se alude al mencionar la oposición caos/cosmos...

Sí. De hecho, si no se verifica que K es raro, la morfología es verdaderamente caótica en el interior de K. Esta situación resulta casi insostenible para el observador: en la mayor parte de los casos, con una operación para determinar la media, el observador intenta soslayar los detalles «demasiado sutiles» y se contenta con una descripción más tosca, que conserva sólo las apariencias «medias», de manera que se pueda introducir de nuevo en todo lo posible la regularidad. Sin embargo, se dan situaciones (como la turbulencia en hidrodinámica o la observación del citoplasma con el microscopio electrónico) que casi parecen imponer un conjunto de catástrofe denso en todas partes.

Esta distinción entre puntos regulares y catastróficos es, así, preliminar no sólo para la teoría de las catástrofes que ha desarrollado usted en sus trabajos, sino sustancialmente para cualquier disciplina que establezca descripciones sobre cualquier morfología empírica. Tiene también, pues, un significado epistemológico, a un nivel general...

Sí. Y, además, según el perfil epistemológico, considero oportuno repartir las ciencias, *grosso modo,* en dos grandes familias, distinguiendo entre experimento y simple observación...

También esta diferenciación resulta bastante relativa: los límites entre la pura observación y el experimento son a menudo menos claros de lo que creemos...

También aquí interviene sin duda una cierta idealización. Pero de todos modos me parece bastante claro que ciertas disciplinas se pueden reconocer como experimentales, en el sentido de que en ellas el investigador puede sin más trámite crear la morfología que quiere estudiar (es lo que ocurre con la física y con la química) o, si no, puede intervenir de forma más o menos radical en su desarrollo (tal es el caso, típicamente, de la biología).

Hay otras disciplinas que son *puramente observacionales;* aquí es casi imposible hacer experimentos, bien debido a la lejanía espacial (astronomía), bien a la lejanía temporal (las ciencias «del pasado»: geología, paleontología, etnografía, historia, ...), o bien, finalmente, por razones éticas (ciertos fenómenos psicológicos y sociales). En todo caso, las morfologías, para que se puedan estudiar, es decir reconocer y conceptualizar, deben gozar en cierto sentido de una determinada «estabilidad»[4].

Maxwell escribía en 1876: «Cuando el estado de las cosas es tal que una variación infinitamente pequeña del estado presente altera tan sólo en una cantidad infinitamente pequeña el estado en un momento futuro, se dice que la condición del sistema, en reposo o en movimiento, es estable; pero cuando una variación infinitamente pequeña del estado presente puede causar una diferencia finita en un tiempo finito, se dice que la condición del sistema es inestable. Es evidente que la existencia de condiciones inestables hace imposible la previsión de acontecimientos futuros, si nuestro conocimiento del estado presente es sólo aproximado y no preciso»[5].

La cuestión de la estabilidad aparece como fundamental...

Esta es una noción intuitiva, casi un requisito preliminar para cualquier indagación de tipo morfológico. La noción de «estabilidad estructural» que se da en matemáticas —y sobre la que volveremos— aparece plenamente adecuada, sin embargo, sólo para las disciplinas que he llamado experimentales...

¿Pero no son entonces las disciplinas más interesantes, las más «enigmáticas», las que quedan al margen?

Eso depende. Normalmente podemos admitir que la observación repetida de ciertos fenómenos proporciona un indicio lo suficientemente verosímil de su estabilidad. Verosímil, por lo menos, en cuanto lo son, usualmente, los resultados obtenidos mediante los experimentos...

Ese es el caso clásico de la astronomía...

Eso es; pero lo mismo se puede decir también de otras disciplinas. En resumen, el modelo de ciencia que he planteado hasta aquí es ampliable a las disciplinas que he llamado de pura observación... Pero lo importante es no perder de vista el hecho de que la estabilidad se convierte así en una especie de hipótesis suplementaria, un presupuesto, casi un dogma...

Como quiera que sea, el «primer inventario» de los fenómenos observables es sólo el principio de una teorización científica...

Sí, una vez acabada la descripción de una morfología, lo que hay que hacer es darle una explicación. Y éste es el punto delicado de la cuestión: la mayor parte de los científicos, y sobre todo de los experimentadores, no dudarían en estar de acuerdo conmigo sobre los aspectos descriptivos; sólo cuando la idea de «explicación» entra en juego la unanimidad desaparece.

Porque todos y cada uno tienen en el fondo su propia idea de lo que es explicación...

Exacto. Pero las tendencias dominantes son, *grosso modo*, dos. La primera es la «reduccionista». La explicación de este tipo se inicia con un análisis causal de los fenómenos X observados, y se pregunta: ¿estos fenómenos X son causados por entes de otra especie Y o encuentran en sí mismos sus causas? En el primer caso, se consagra al estudio de los fenómenos Y, olvidando, por así decirlo, la morfología intrínseca de X.

Por ejemplo, el lenguaje es una morfología sonora X emitida por los seres Y en interacción social; el reduccionista afirma *a priori* que la lingüística, si quiere ser de verdad una ciencia, debe ser «explicada» mediante el estudio —anatómico, psicológico y social— del hombre. En el segundo caso, cuando los fenómenos X no tienen otra causa visible que ellos mismos, el reduccionista trata de explicarlos mediante la descomposición del medio que es soporte de X en entidades más pequeñas, invariables e indestructibles, cuya combinatoria debe reconstruir por agregación la morfología X.

El atomismo físico es el paradigma de este comportamiento. Las posiciones y velocidades de un sistema de N átomos se describen a partir de un punto móvil en un espacio euclídeo R^{6N} de 6N dimensiones (x_i); las leyes de interacción entre estas partículas permiten formular un sistema de ecuaciones diferenciales $dx_i/dt = X_i (x_j)$ cuya integración da la evolución temporal del sistema estudiado...

Este es el «paradigma» de explicación científica más perfecto de que hoy disponemos. Y sin embargo aquí se involucran dos componentes que con demasiada frecuencia los científicos no consiguen distinguir suficientemente: la hipótesis «atomista» y la utilización del cálculo diferencial como prototipo de una evolución subyacente a un determinismo local. En mi opinión, la primera hipótesis (la existencia de «átomos») es infinitamente más restrictiva que la segunda (la existencia de un determinismo diferencial). De hecho, cuando se utiliza la hipótesis «atomística» es necesario ponerse de acuerdo en cuanto a los entes de base que se consideran «átomos»: la elección no es casi nunca fácil, ¡ya que puede haber una jerarquía completa de niveles de organización! Por otra parte, hay que estar en situación de describir cuantitativamente las interacciones entre los átomos e integrar después un sistema diferencial de dimensión $6N$, en general muy alta ($N = 10^{23}$, número de Avogadro, para las moléculas de un gas). Sólo una aproximación estadística puede, en algunos casos, llevar a término el programa, pero entonces... ¡adiós morfologías! Estas, como ya he dicho, están vinculadas a una discontinuidad de las propiedades del ambiente —el conjunto K de los puntos catastróficos—, mientras los métodos cuantitativos usuales apelan a funciones analíticas, y por tanto continuas, inadecuadas para describir tales discontinuidades[6].

De esta forma, el reduccionismo resulta impracticable; sin embargo, cuando se considera otra teoría causal —como en el ejemplo que he dado antes, el de la lingüística, que se explicaría por medio de la neurofisiología, o, pongamos por caso, mediante la sociología, etc.— está claro que la teoría «causal» resulta notablemente más compleja que la morfología X considerada al principio.

¿Y entonces...?

Tarde o temprano los científicos se ven constreñidos a pasar de la explicación reduccionista a un tipo diferente de explicación, que llamaremos «estructural». ¿En qué consiste? Consideremos otra vez el caso de la lingüística: en la lingüística estructural se busca precisamente el proporcionar, para una morfología lingüística, un sistema de reglas, en número finito, que permita «generar» todas las expresiones que constituyen tal morfología. De forma análoga, en el caso de cualquier morfología empírica, la tendencia «estructural» aspira a simplificar su descripción con un número finito de reglas combinatorias relativas a alguna morfología elemental que permitan reconstruir la morfología en cuestión. Todo ello puede llevarse a cabo según un estricto espíritu formalista, sin justificar tales «reglas»; exactamente a como se hace normalmente con los «axiomas» de un sistema formal en lógica.

Pero —y esto es exactamente lo que hace la teoría de las catástrofes, como podremos ver— también se puede tratar de justificar dinámicamente tales «reglas»... Y así es como la causalidad vuelve a descubrirse[7]...

Así pues, el comportamiento estructural y la búsqueda de las causas se pueden combinar el uno con la otra. Sin embargo, puede darse también el caso de que la tendencia estructural no llegue o se abstenga de forma deliberada de llegar a la formulación causal...

Es cierto. Pongamos un ejemplo. Los filósofos y los historiadores de la ciencia se han preguntado, y aún se preguntan, si la ley de la gravitación universal descubierta por Newton, $F = K\, m\, m'/r^2$, es una «descripción» o una «explicación». La respuesta, según mi criterio, es simple: se trata de una explicación de naturaleza estructural, en cuanto permite una descripción rápida de una morfología empírica (el movimiento de los cuerpos celestes, la caída de los graves, etc.). Sin embargo, no se trata de una explicación reduccionista: es absolutamente independiente, de hecho, de la estructura de la materia (protones, electrones, etc.), cuyo conocimiento se adquirió más tarde.

Y, según las intenciones del propio Newton, la fórmula no debía pretender siquiera el desvelamiento de la «causa» de la gravitación...

Permitía hacer anticipaciones afortunadas: sobre su base era posible construir —por lo menos en casos relativamente simples— modelos cuantitativos, que proporcionaban *ad libitum* algunas predicciones. Pero éste es un caso afortunado que no se generaliza tan fácilmente.

No, por el contrario, en el principio de Stabilité structurelle et morphogenèse, contrapone usted netamente Descartes a Newton, concretamente en este punto: «Descartes, con sus vértices y sus átomos enlazados, lo explicaba todo y no calculaba nada: Newton, con la ley de la gravitación en $1/r^2$ calculaba todo y no explicaba nada. La historia le ha dado la razón a Newton y ha relegado las construcciones cartesianas al nivel de fantasías gra-

tuitas y recuerdos de museo»[8]. *No «explicaba», obviamente, las «causas». Pero usted no disimula una cierta simpatía, si no nostalgia, por el punto de vista de Descartes.*

La victoria del punto de vista newtoniano está plenamente justificada desde el punto de vista de la eficacia, de la posibilidad de establecer predicciones, y por lo tanto de actuar sobre los fenómenos... *Pero* no estoy del todo convencido de que nuestro intelecto pueda contentarse con un universo regido por un esquema matemático coherente, desprovisto sin embargo de contenido intuitivo... La acción a distancia tenía un cierto tufillo —y aún lo tiene— de magia...

¿Aunque la teoría newtoniana tenga un alto potencial predictivo y, notoriamente, permita realizaciones tecnológicas válidas?

Eso es. En mi opinión, a alguien podría sorprenderle que el potencial predictivo de las teorías científicas deba subrayarse mucho menos de lo que la inmensa mayoría de los investigadores y epistemólogos suelen hacerlo, hasta el punto de convertir ese potencial en la característica distintiva de la tarea científica. Exigir de cualquier disciplina científica que sea posible comprobar la teoría con la acción, con la experiencia, excluye automáticamente del campo científico las ciencias del pasado, como la paleontología y la historia, y también todas aquellas en las que es imposible la experimentación directa (como es aún, en amplia medida, el caso de la astronomía). En pocas palabras: a mi entender, deberíamos abandonar la idea de la ciencia como un conjunto de recetas eficaces.

Y eso, ¿no comporta también una diferenciación entre ciencia y técnica?

¡Yo abogo por una neta separación entre ciencia y técnica! Sobre todo desde el momento en que entré en la Academia y vi el papel que desempeñaban los científicos, esforzándose en actividades industriales y técnicas, papel que considero más bien negativo. Se trata, de hecho, de actividades que tienen un gran peso económico-político y que inducen a los investigadores involucrados en ellas a reclutar más gente para llegar a sus propios objetivos. Recientemente oí a un miembro de la Academia hacer el panegírico de su disciplina basándose en el volumen de negocios realizados en Francia en el ramo industrial que le correspondía. Desde mi propio punto de vista, se trata de un razonamiento simplemente monstruoso que me induce a defender una separación más clara entre la ciencia propiamente dicha y sus aplicaciones tecnológicas. Pero, por lo menos en Francia, aún hay mucho que andar, dado que el propio gobierno tiene la desagradable tendencia a preferir las realizaciones prácticas a la investigación teórica, que, como es público y notorio, no produce resultados inmediatos.

Es mucho más fácil conseguir financiación para construir máquinas o laboratorios que para reclutar investigadores. Claro que, desde el punto de vista sociológico, se trata de una tendencia razonable: invirtiendo en el sector industrial y tecnológico se consigue siempre, de un modo u otro, una ganancia, mientras que reclutar investigadores es un gasto «a fondo perdido».

¿Cómo se configura, pues, según su opinión, la relación entre política y ciencia?

Más que la acumulación de riqueza, al gobierno le interesa apropiarse ciertas formas de tecnología extremadamente eficaces, eso que en la jerga llaman «tecnología de punta». Por ejemplo, no se hace más que decir que el remedio para el paro ¡es el desarrollo de las «tecnologías de punta»! ¡Son cosas que le dejan a uno de una pieza! Se trata de una situación gravísima: pero yo no tengo una solución, una receta para curar la enfermedad. Entre ciencia y poder se ha establecido una especie de simbiosis que difícilmente podía evitarse: por una parte, la ciencia tiene necesidad de recursos para el desarrollo de la investigación; por otra, los gobiernos necesitan a los científicos, toda vez que estos disfrutan aún de un cierto prestigio social que pueden poner al servicio de la acción de gobierno. No cabe más que esperar que los científicos adopten un mayor compromiso ético-político que les impida dejarse involucrar en el juego político, en especial cuando de lo que se trata es de la rivalidad entre las naciones y otros enfrentamientos políticos. En cualquier caso, la mayor corrupción es para mí la provocada por el engaño de servirse de unas motivaciones políticas con el objeto de conseguir fondos para las propias investigaciones. Daré un

18

ejemplo: cuando se quiere construir, pongamos por caso, un acelerador de partículas, se recurre casi exclusivamente a la rivalidad entre las naciones y al miedo de verse sobrepasado. Y es así como los científicos llegan a pactar con el diablo...

Hay que abandonar esta política de demanda basada en la competición. Por otra parte, la tesis sociológica relativa a la ciencia, magistralmente argumentada, por ejemplo, por Kuhn[9], está perfectamente justificada: las grandes líneas de la investigación las deciden, en realidad, funcionarios políticos, por lo demás incompetentes.

¿Abuso ilegítimo del poder sobre la ciencia?

No. Esta situación es algo deseado también por los propios científicos, que prefieren tratar con un funcionario político antes que con un científico, que podría favorecer su propia disciplina con desventaja de las demás. En resumen, que prefieren que sea el juego político el que decida la orientación de la investigación a determinarla ellos basándose en motivaciones propiamente científicas. La causa de todo ello quizá deba buscarse en el hecho de que la ciencia ha renunciado en gran medida a una visión interdisciplinar que permitiría confrontar los méritos de los distintos resultados. Desgraciadamente, en la ciencia hay que tomar decisiones teniendo en cuenta la consecución de créditos o la asignación de cátedras en las facultades o de sillones en las academias: decisiones que afectan a individuos de los cuales no se sabe en virtud de qué criterios se podría decir quién tiene más méritos.

¿Cómo se llega a establecer que es mejor un investigador que estudia el virus del mosaico tabaco que otro que se interesa por el comportamiento del embrión o de las distintas hormonas? Habría que estar en una situación que permitiese evaluar con precisión las perspectivas ofrecidas por los desarrollos de los distintos métodos experimentales, pero no se ve con claridad cómo se podría conseguir un criterio como éste en ausencia de una teoría válida. Precisamente por este motivo el desarrollo científico ha sufrido los efectos de unas vinculaciones sociológicas más bien aleatorias.

¿Es ésta una característica de la ciencia contemporánea o existen, según usted, orígenes más profundos en el pasado?

Yo diría que es una característica más bien reciente, ya que la ciencia ha conocido un desarrollo importante desde el punto de vista sociológico sólo en los últimos 15-20 años. Basta pensar que ha habido más científicos desde 1950 que en todo el período histórico anterior... Un enorme desarrollo que, sin embargo, ha producido resultados por lo demás insignificantes.

Los vínculos entre poder y ciencia son, sin embargo, más antiguos... En ciertos aspectos, el propio Newton podría considerarse como un hombre de poder o al servicio del poder.

Si queremos, podemos llegar hasta Arquímedes, capaz de incendiar la flota romana ante Siracusa... Pero el fenómeno más interesante es que la ciencia asume hoy el papel desarrollado sociológicamente en el pasado por la religión, en el sentido de que la ciencia es, hoy, depositaria de las expectativas escatológicas de la humanidad.

Gracias a la ciencia —se dice—, la humanidad conseguirá sobrevivir en la tierra o, en el caso de que la tierra se hiciese inhabitable, podrá emigrar a otros mundos más hospitalarios. Son estas esperanzas escatológicas las que han favorecido el desarrollo masivo de la investigación científica. Por otra parte, no hace falta insistir en ello: nuestras sociedades, después de todo, han sido hasta ahora «sociedades de abundancia»; el flujo de energía ha sido extremadamente abundante y poco costoso, se ha hecho un despilfarro enorme y, ya que se despilfarra, ¡mejor despilfarrar en la ciencia que en cualquier otra cosa! Me parece un punto de vista perfectamente legítimo. Claro que cuando las fuentes energéticas empiecen a escasear y el despilfarro se haga cada vez más difícil y costoso, antes de iniciar investigaciones habrá que reflexionar más detenidamente sobre lo que nunca se ha hecho. Las vicisitudes de estos últimos años muestran con claridad que esta inversión de tendencia ya se ha iniciado.

Pero entonces, para usted, ¿según qué criterios habría que efectuar la selección de las orientaciones científicas?

El proceso de restricción debería verse indudablemente compensado por un mayor esfuerzo teórico e interdisciplinar, de modo que se le diera a la ciencia la posibilidad de autodisciplinarse, sin que hubiese que recurrir a constricciones de tipo político y/o social. ¿Es esto una utopía?

Quizá, pero menos de lo que podría parecer. Basta esperar que un día los científicos sean lo suficientemente lúcidos como para consagrar a este esfuerzo de confrontación entre las distintas disciplinas toda la reflexión necesaria. Por otra parte, la teoría general de los sistemas muestra que se empieza a cobrar conciencia de esta necesidad y que, por consiguiente, se puede ser, al menos moderadamente, optimista...

La actual penuria quizá produzca efectos positivos sobre la evolución futura de la ciencia, conduciendo a un replanteamiento...

Y, a la inversa, ¿cómo ve la influencia de la ciencia sobre la política y sobre la vida social?

Depende de lo que se entienda por ciencia. En muchos casos sería más correcto hablar mejor de influencia de la tecnología, que es algo un poco diferente. Y a continuación digo que uno de los factores más significativos, en este momento, es el «equilibrio del terror», un factor que, en cierto sentido, ha «congelado» las oposiciones, ha cristalizado las tensiones entre los distintos grupos: la situación se decanta así hacia un estado cada vez más inestable, hasta que un día, si se rompe el equilibrio, la catástrofe sea aún más grave. Sólo en apariencia es una paradoja afirmar que retrasar una guerra global hará que, si finalmente la guerra estalla, sea aún más terrible. Lo único que cabe esperar es que la humanidad tenga lucidez suficiente para llegar a una forma de ajuste interno que evite este tipo de catástrofe, siempre que no se produzcan catástrofes de carácter biológico que impidan el desastre nuclear. No hay nada que pueda excluir, por ejemplo, la eventualidad de calamidades naturales que comporten la destrucción de una parte importante de la humanidad.

Una visión de las ciencias

Popper dice: «Las disciplinas son diferentes, en parte, por razones históricas, por motivos de conveniencia administrativa (piénsese en la organización de la enseñanza y de los empleos) y, en parte, porque las teorías que construimos para resolver nuestros problemas tienden a desarrollarse en el interior de sistemas unificados». Pero «nosotros no somos estudiosos de ciertas materias, sino de problemas»[1]. Aunque sea por conceder algo a las «razones administrativas», ¿cómo se califica René Thom con respecto a la tradicional división disciplinar?.

Suelen decir que soy un matemático. O, mejor, desde un punto de vista sociológico, eso es lo que se me considera. Pero, claro, lo que importa es el *tipo* de matemática que he practicado.

¿Podría esbozar una breve autobiografía intelectual como matemático?

Mi vocación matemática no está muy clara. En la enseñanza secundaria era un alumno brillante, de esos a los que se considera dotados tanto para las materias literarias como para las científicas. Fue el azar lo que me impulsó hacia las matemáticas, lo que hizo que me inscribiese en un curso de matemáticas elementales y, luego, en uno de matemáticas superiores. La guerra, por su parte, tuvo también su papel en esta elección: estábamos en 1939... los que habían conseguido la *licence* en matemáticas podían ir a artillería y no a infantería; esto, claro, contribuyó a hacerme optar por la matemática...

Pero eso no quiere decir que emprenda la carrera de matemático...

No, claro. La auténtica investigación en este campo la inicié en 1946, después de salir de la Ecole Normale.

¿Puede darnos una visión de conjunto?

En aquella época había seguido las clases de mi maestro, Henri Cartan[2], en la Universidad de Estrasburgo: con él empecé a estudiar los trabajos de Oka[3], el gran matemático japonés (teoría de las funciones de variables complejas). Mis contactos con la matemática se produjeron, pues, a través de estos trabajos, que eran entonces, en especial para un investigador occidental, un tema notable para la reflexión.

Fue éste un hallazgo intelectual destinado a marcar mis siguientes investigaciones. Por ejemplo: en su aproximación al célebre problema de Cousin[4] (que no hace al caso examinar aquí con rigor), Oka dice que, al tratar de resolverlo, tropieza con una «obstrucción» de carácter topológico. Dicho brevemente: se trata, a partir de piezas de una función, dadas localmente mediante mapas, de reconstruir una función global, es decir una función multiplicativa no nula: ello corresponde a una aplicación en el círculo unidad. Se dispone de toda una familia de aplicaciones en el círculo unidad y el problema consiste, entonces, en saber si se pueden sintetizar todas estas aplicaciones en una aplicación única. Oka había comprendido a la perfección que el problema tropezaba con un obstáculo, con una «obstrucción» de orden topológico. Exactamente en aquel momento —estábamos en 1946— había en Estrasburgo un seminario organizado por Charles Ehresmann[5], extremadamente puesto al día: en particular en cuanto a las nociones más importantes de la topología algebraica —espacios fibrados, cohomología, operaciones de cohomología según módulo p, etc. Todas estas ideas eran entonces nuevas para muchos: la topología algebraica se estaba consolidando como un articulado y prometedor filón para la investigación. Ehresmann ha hecho mucho por darle, por una parte, una buena conceptualización y, por otra, por presentar sus aplicaciones.

Entonces fue cuando me di cuenta de que las obstrucciones de las que habla Oka se pueden considerar en realidad como obstáculos para la construcción de una sección de un espacio fibrado. En ese punto los problemas que interesaban a Oka eran problemas relativos a la obstrucción de una función analítica... Y en vez de ello tropezaba con una obstrucción de funciones diferenciables. Me planteé entonces un interrogante que hubiese podido devolver a Cartan: ¿por qué resolver en un dominio analítico un problema que no se sabe resolver en un dominio diferencial?[6] ¿No es mejor resolver antes el problema diferencial? Sobre la base de esta reflexión empecé a interesarme de una forma específica por la teoría de las funciones y aplicaciones diferenciales... pero no quiero apoyarme demasiado en el desarrollo de mis propias ideas en matemáticas. Baste decir que mi primer trabajo consistió en la sistematización de la teoría de Morse[7] y, más concretamente, en la demostración de que cuando se da una función en un espacio, tomando las trayectorias del gradiente de esta función en relación con una métrica, puede descomponerse el espacio dado en células, cada una de las cuales se asocia a un punto crítico de índice dado. Esta es una observación que se manifestó de gran utilidad para mí y llegó a ser clásica en los años siguientes. También Samuel Eilenberg[8] llegó a resultados análogos.

Pero en mi carrera como matemático ha intervenido también la suerte...

¿Por qué?

El extraordinario desarrollo técnico de la topología algebraica entre 1945 y 1950 ha llevado a la introducción de todas aquellas ideas a las que aludía antes: espacio fibrado principal, grupo estructural de un espacio fibrado, espacio clasificador, clase característica, cohomología, operadores cohomológicos, evaluación de las obstrucciones como clases de cohomología... Estas nociones han formado, por así decirlo, un río que ha inundado el campo de la matemática[9], permitiendo un desarrollo extremadamente rápido en las cuestiones vinculadas a la construcción de los diversos espacios y las diversas funciones... Es en esta perspectiva que he trabajado alrededor de los años cincuenta, interesándome en particular por las llamadas variedades cobordantes[10]...

Así nació la teoría del cobordismo...

Se trataba de saber cuándo dos variedades constituyen precisamente el límite común de una misma variedad: es un problema que, en principio, puede parecer bastante gratuito. Pero si lo pensamos un poco, nos damos cuenta de que es el caso particular de un problema que tiene incluso un aspecto filosófico. Tenemos dos espacios, dos variedades diferentes, y se trata de algún modo de unirlas con una especie de deformación continua. El mejor procedimiento consiste en la construcción de un «cobordismo» entre las dos variedades (fig. 1). Con la ayuda de este tipo de ideas he podido desarrollar toda una técnica sobre las aplicaciones diferenciables, mediante la cual he conseguido resolver, por lo menos teóricamente, el problema de reconocer si dos variedades son cobordantes, reduciéndolo a términos puramente algebraicos. Pero no he conseguido encontrar la solución algebraica definitiva del problema. Esta es, por otra parte, una situación generalizada, muy frecuente en topología: retrotraer el problema al álgebra es ya muy difícil y, además, no parece que haya nada que hacer. Esta reducción, en todo caso, se ha considerado muy interesante en sí misma.

¿Por qué?

Con este tipo de técnica he podido apoyar en 1951 mi tesis de doctorado, que trataba esencialmente de ciertos tipos carac-

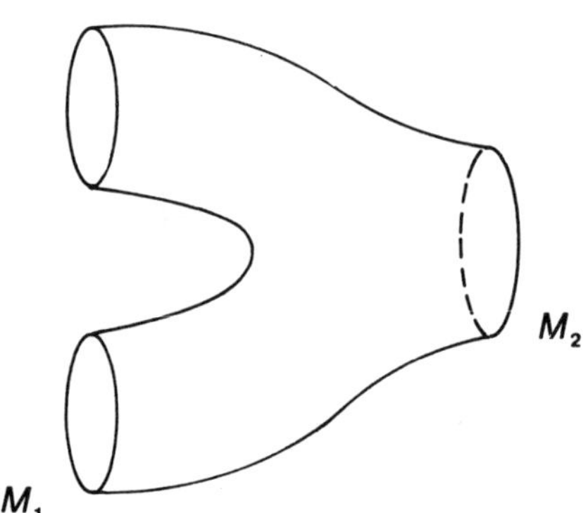

Fig. 1 Cobordismo de dos variedades M_1 y M_2. La imagen intuitiva más simple es la de un pantalón.

terísticos de variedad acerca de los cuales he mostrado la invariabilidad topológica. Tres años después (1954) resolví el problema del cobordismo en un artículo titulado *Quelques propiétés globales des variétés differentiables*, aparecido en *«Commentarii mathematicae helveticae»*[11], donde proporcionaba procedimientos algebraicos para resolver el problema del cobordismo y para reconocer cuándo una variedad es una «buena» variedad. Por este motivo recibí de Heinz Hopf la medalla Fields en el Congreso Internacional de Edimburgo en 1958[12]. Pero, como he dicho ya, fue en parte un golpe de suerte. He cosechado, eso sí, en el momento adecuado, sabiendo hacer uso de las técnicas que Cartan, Ehresmann, J. P Serre y muchos otros me habían enseñado.

¿Hay alguna otra novedad sobre estos protagonistas de la investigación matemática...?

Casi todos pertenecían al grupo Bourbaki. Al principio, yo también fui seleccionado por los Bourbaki[13] como «cobaya»: como era la costumbre, tenía que asistir a la preparación de las tesis y pedían mi opinión en caso de discusión. Pero, desgraciadamente para mí, ¡resulté un pésimo cobaya! Me cansaba de atender (¡era un poco aburrido!) y en ocasiones llegaba a quedarme dormido durante las sesiones. En cierto sentido, eso no me ha perjudicado: de hecho, poco después, me opuse a la concepción bourbakista de las matemáticas.

¿Por qué?

¡Eran unos auténticos ultraformalistas! Presentaban las matemáticas de una forma rigurosa, aséptica; pero, haciéndolo así, acababan sólo interesándose por aquellas partes de la matemática que se prestaban a tal presentación rigurosa. Y precisamente por esta razón, gran parte de la matemática que se estaba haciendo en ese momento escapaba a su atención.

«El formalismo niega el status de matemáticas a la mayor parte de lo que comúnmente se ha entendido siempre como matemática y no logra decir nada acerca de su desarrollo. Ningún período "creativo" y muy pocos períodos "críticos" de las teorías matemáticas se admitirían en el paraíso de los formalistas, donde

las teorías matemáticas existen como serafines, purificadas de todas las impurezas de la incertidumbre terrena»[14]. *Ahora, nadie sueña poner en duda que algunos problemas de una teoría matemática sólo pueden enfrentarse desde su formalización, así como algunos problemas sobre los seres humanos, relativos por ejemplo a su anatomía, sólo pueden plantearse después de su muerte. Pero limitarse sólo a las teorías formales es como si, en los tiempos de Vesalio, cuando el método de la disección logró imponerse, se hubiese querido identificar el estudio de los seres humanos con el análisis de los cadáveres.*

¡Me gusta esta comparación! Aún hoy hay partes de la matemática —cálculo de variaciones, ecuaciones en derivadas parciales, dinámica cualitativa, etc.— que aún no se consideran suficientemente «limpias» (¡o «muertas»!) como para figurar en la antología bourbakista. Existe, pues, una auténtica incompatibilidad entre el repertorio bourbakista y la matemática viva. ¡Bourbaki ha embalsamado la matemática, la ha reducido, por así decirlo, a una momia! Dicho esto, no hay que ser completamente negativo en cuanto a los Bourbaki: el grupo tiene sus propios méritos históricos. Asumió un papel de relevo antes de la guerra, introduciendo en Francia las matemáticas algebraicas de Alemania.

¿Está usted aludiendo en particular a la escuela de Hilbert?[15]

Sí, y sobre todo en oposición a la vieja escuela de la teoría de las funciones que entonces dominaba en Francia: la escuela de Borel, Picard, Hadamard, etc.[16]. Pero, sin embargo, ¡no hay que asimilar demasiado los Bourbaki al movimiento «modernista» que triunfó en los años sesenta, que para mí no es otra cosa que una auténtica «perversión» del bourbakismo!

¿Cuál es la diferencia?

¡Yo diría que el movimiento modernista nació como una especie de pulsión en un sentido casi psicoanalítico! Se abrió camino en la comunidad de los matemáticos por una serie de razones que es difícil explicitar; a mí me parece que eran, en todo caso, razones sobre todo de historia local, de sociología de la matemática.

¿Y en el terreno de la didáctica matemática?

El movimiento modernista ha renovado en parte la enseñanza de la matemática, que sufría en Francia de una cierta esclerosis, debida a la presencia de los exámenes de las Grandes Ecoles. Desde el principio, el alumno era formado para superar estos exámenes; los programas quedaban fijados de una vez por todas, eran prácticamente eternos. Se aprendía la geometría descriptiva, por ejemplo, porque la había instaurado Monge[17], el creador de la Ecole Polytechnique, etc.

Así que la exigencia de renovación era real...

Sí. Pero luego evolucionó en un sentido bastante absurdo. El logicista, para entendernos. Teoría de conjuntos, notación lógica, cálculo proposicional, teoría de la cuantificación, etc., son cosas que, tanto para el matemático profesional como para el estudiante corriente de matemáticas, tienen muy poca utilidad.

Ese es un punto de vista con el que muchos no estarían de acuerdo...

¡Son muy libres de ello! Pero, según mi opinión, la teoría de conjuntos no tiene de por sí mucho interés, por ejemplo, en matemáticas. Como máximo, se le encontrará un interés en el hecho de que aporta un simbolismo, una estenografía para ciertas articulaciones del razonamiento.

Hilbert hablaba en su tiempo del «paraíso cantoriano». Brouwer era algo más sospechoso[18]. Alguien, finalmente, ha definido la construcción cantoriana del transfinito como una catedral barroca.

Para mí, más que barroca, es fantasmagórica, es decir que está absolutamente montada en el aire. No posee ninguna relación con la matemática normal...

Pero, ¿piensa usted lo mismo de teoremas como el de Gödel, el de Tarski, o de los resultados más recientes, de consistencia y de independencia de Gödel o de P. J. Cohen?[19]

Aparte de un cierto interés filosófico —innegable—, estos resultados demuestran tan sólo que es inútil trabajar en determinadas direcciones. Esta es, y perdonen el juego de palabras, su utilidad. Son como guardacantones que nos indican que no hay que salirse de la carretera.

En suma: que no se puede (y no se debe) formalizarlo todo.

¡Exactamente! Incluso para responder a los así considerados *fundamentos* de la matemática. Ha sido una pretensión aberrante la de que la matemática pudiera basarse en sí misma. ¿Por qué, después de todo, debería ser la matemática la única ciencia que pudiese encontrar sus fundamentos en sí misma o en la lógica?

Entonces ¿está usted de acuerdo con Dieudonné[20] cuando dice que Bertrand Russell[21], al promover su sistema logicista, ha hecho perder el tiempo a aquellos matemáticos —pocos— que le han seguido?

Estoy de acuerdo con el fondo de esta actitud. Por otra parte me satisface que Bourbaki haya cambiado de punto de vista. El propio Dieudonné lo ha reconocido. En 1935 Dieudonné estaba ideológicamente con Cantor[22] en contra de «aquellos viejos reaccionarios» (como Borel y Lebesgue)[23] que insinuaban que todas estas contrucciones no llevarían a ninguna parte. Y hoy Bourbaki, por boca de Dieudonné, asume exactamente la misma posición que aquellos viejos reaccionarios. A este respecto, ¡yo también sería un reaccionario!

Pero ¿no se dan hoy nuevas aproximaciones al problema de los fundamentos? Aludo a la aproximación categorial, que cuenta ya con una larga historia, desde MacLane a Lawvere[24].

Confieso que no siente mayor simpatía por la teoría de las categorías que por la teoría de conjuntos. Es verdad que también la teoría de las categorías ofrece, obviamente, un lenguaje en ciertos casos precioso; pero dudo de que se trate de algo más que de un lenguaje. El propio MacLane ha admitido que en la teoría de las categorías se ha producido mucho *abstract non-sense*[25]: Finalmente, sí, los categoristas han trabajado mucho, pero no lo suficiente como para reducirlo todo a *abstract non-sense*. Así pues, mientras no se haya reducido todo a *abstract non-sense*, queda bastante por hacer. Personalmente, no comparto esta visión negativa de la matemática. No creo que la matemática consista o deba consistir toda ella en una reducción a *abstract non-sense*.

Cerremos este paréntesis y volvamos a su historia de matemático profesional.

Después de los años 1958-60 pasé por un periodo más bien difícil; me encontré ante problemas de topología pura que estaban más allá de mis posibilidades: como, por ejemplo, problemas de la teoría de las variedades topológicas, de las estructuras PL[26], etc. No conseguía siquiera dedicar mi tiempo a estos problemas, me agotaban. Finalmente, me replegué hacia una teoría en cierto sentido más simple, la de las aplicaciones diferenciables. Aquí es oportuno reconocer los grandes méritos de Hassler Whitney[27], que ha aportado en este campo unas intuiciones esenciales acerca de la clasificación de las singularidades de las aplicaciones del plano sobre el plano (en 1954-1955). Por medio de estas ideas conseguí sistematizar sus construcciones e introducir una noción, convertida más adelante en clásica como noción de conjunto estratificado[28]. Ello me permitió desarrollar una técnica que permitía en cierta medida la clasificación de las singularidades de las aplicaciones diferenciables. Pero también aquí tropecé con dificultades que no me permitieron tener éxito en el sentido del término. Sólo en 1965-1966 pudo el matemático J. Mather llevar a término estas demostraciones[29].

Sin embargo, no considero infructuosos estos trabajos míos: he derivado de ellos ideas importantes, como la del «despliegue universal» de una singularidad de una aplicación, idea clave de la que después será la teoría de las catástrofes[30].

Y ¿qué es un despliegue universal?

Es difícil explicar en pocas palabras de qué se trata, a pesar incluso de que en un cierto sentido no es difícil de comprender. La base es que cuando se tiene un germen de una función[31] siempre es posible introducirlo en una familia maximal. Este germen analítico genera una familia, que es la familia de todas sus deformaciones. Debido a la misma estructura, por tanto, genera algo *cualitativamente*.

Un despliegue universal no es otra cosa que una forma de *desplegar* toda la información intrínseca encerrada en una singularidad. En mi opinión, una singularidad de una aplicación es siempre algo que concreta toda una estructura global en una estructura local[32].

Gracias a los trabajos de B. Malgrange, que ha demostrado una generalización del «teorema de preparación de Weierstrass»[33], he podido mostrar que esta idea del despliegue universal servía para las estructuras diferenciables.

Esta idea del despliegue universal es, pues, en mi opinión, un complemento muy importante de aquella constelación de ideas que acompañan el surgimiento del cálculo diferencial. En cierto sentido, es un regreso a la matemática del siglo XVIII, después de toda la gran elaboración analítica y formal del XIX.

La idea del despliegue universal contiene en cierto sentido toda la parte cualitativa de la fórmula de Taylor[34]: cuando se tiene un germen de función diferenciable, que localmente es un desarrollo de Taylor y que puede cerrarse racionalmente, truncando en un cierto punto el desarrollo de Taylor, este desarrollo truncado seguirá el mismo proceso, tendrá el mismo tipo topológico del germen de la función diferenciable.

Toda esta teoría de la singularidad permite resolver el problema de dar condiciones suficientes para que el germen truncado hasta el orden k sea equivalente, *vía* un cambio de variable, al germen de la función inicial. Es evidente que se trata de algo intelectualmente muy satisfactorio, en cuanto permite reducir localmente un germen, descrito por una serie infinita, a una serie que consta de un número finito de términos; así se da una gran economía de pensamiento: un medio único para describir todas las deformaciones posibles de este germen.

En 1966 di, un poco empíricamente, la lista de las siete singularidades que aparecen en un despliegue de dimensión inferior o igual a 4: éstas se interpretaron más adelante como las siete catástrofes elementales[35].

¿Y luego? ¿Cuáles son los ulteriores desarrollos de su investigación matemática?

Desde ese momento me desinteresé un poco de las matemáticas. Dediqué mi esfuerzo a la teoría de las catástrofes, una investigación que aún está creciendo, y he dejado un poco de lado la matemática propiamente dicha...

Pero, la teoría de las catástrofes, ¿no es matemática?

Se inicia en la matemática, pero no es matemática. Ya hablaremos de esta ambigüedad. En cualquier caso, nunca me he considerado verdaderamente un matemático. El matemático, en mi opinión, ha de encontrar placer en las dificultades, en las estructuras hermosas, ricas y profundas. Yo no siento este placer. Las estructuras ultrarrefinadas por las que se apasionan mis colegas —grupos de Lie, grupos simples finitos, etc.; en resumen, toda esta especie de mitologías matemáticas— no me han interesado nunca en realidad. En su lugar, estimo las cosas que se mueven, las cosas flexibles que se pueden deformar y que puedo transformar a mi gusto.

Es un tipo de matemática muy diferente de la que practican los algebristas y soñaba Bourbaki: la matemática de las estructuras «limpias», con las que se sabe lo que se hace...

¡Prefiero el campo de la matemática en que *no se sabe demasiado bien lo que se hace!* Por eso considero hoy las matemáticas con una cierta distancia: no se puede decir que exista hoy un problema alguno estrictamente matemático por el cual sienta un apasionado interés. Es inevitable: ¡no se puede consagrar toda la propia vida a la matemática!

Pero ¿no es el propio René Thom quien acabó un artículo suyo con las siguientes palabras: «...Sólo el matemático, que sabe caracterizar y generar las formas estables a gran alcance, tiene el derecho de utilizar los conceptos (matemáticos); sólo él, en el fondo, tiene el derecho de ser inteligente»?[36].

No hay que exagerar. La matemática es difícil, pero creo que la física teórica también presenta auténticas dificultades. Mientras no se den similares dificultades intelectuales en otros campos de investigación, existe, según mi opinión, una diferencia cualitativa entre las matemáticas y la física teórica por un lado y las otras disciplinas, por otro. Estas últimas, creo, están a un nivel intelectual inferior.

El saber matemático se considera generalmente un saber a priori, mientras que las otras disciplinas son saberes a posteriori. ¿Cómo ha podido la física teórica situarse a tan gran proximidad con la matemática? ¿Cuál es la razón de su prestigio entre las distintas disciplinas «empíricas»?

La física teórica plantea, efectivamente, graves problemas. En la actualidad, estoy en un instituto en el que trabajan codo con codo físicos y matemáticos y a menudo se discute acerca de las respectivas dificultades. Le he oído decir a un colega mío, físico —un colega al que por otra parte tengo en gran estima— que es infinitamente más difícil hacer buena física que buena matemática. Creo que tiene razón. Hacer buena física exige de veras un tipo de intuición más sutil que la que es indispensable para la buena matemática.

¿Alude usted, en particular, a algún sector específico de la física teórica?

Pienso sobre todo en la mecánica cuántica; en particular en la llamada renormalización, que ha constituido uno de los grandes algoritmos de la teoría cuántica del campo. Pero este algoritmo ha sido durante mucho tiempo un enigma para los matemáticos profesionales; sólo ahora se empieza a entrever una descripción matemáticamente correcta. Este se relaciona con la teoría de la bifurcación: en cierto sentido, la renormalización puede convertirse en algo similar a una forma canónica de bifurcación[37].

¿Cómo se plantean, pues, las relaciones entre la física teórica y la matemática? El gran físico italiano Enrico Persico decía de una fase precedente a la mecánica cuántica: «Los físicos han encontrado el instrumental matemático ya dispuesto»[38]. El ejemplo de la renormalización, como otros casos en el desarrollo de la mecánica cuántica (por ejemplo, la célebre «función» de Dirac, que ha precedido en más de veinte años la teoría rigurosa de las distribuciones debida a Schwartz)[39], parecería demostrar lo contrario. Dicho brevemente: ¿son los matemáticos los que propor-

cionan a los físicos sus «instrumentos para pensar»? ¿No serán los físicos quienes planteen a los matemáticos las cuestiones que ellos han de resolver, induciéndoles a forzar sus marcos conceptuales?

Esta es una pregunta que me interesa mucho, en cuanto que se relaciona con un argumento suscitado por ciertos opositores a la teoría de las catástrofes, los cuales han sostenido que en las ciencias empíricas no hace falta utilizar esquemas matemáticos *a priori*. Al contrario, dicen, son estos esquemas los que se adaptan a las necesidades de la experiencia.

En una dura crítica a la teoría de las catástrofes y a sus aplicaciones a las ciencias biológicas y sociales, Sussmann y Zahler escriben: «... la teoría de las catástrofes es un intento de hacer ciencia tratando de imponer al mundo un sistema preconcebido de estructuras matemáticas, más que mediante el método experimental»[40].

Pero ¿existe *el* método experimental? Sussmann y Zahler son un ejemplo típico de los críticos a los que me refería. Históricamente, sin embargo, se constata que los esquemas matemáticos han preexistido siempre a las exigencias de la experiencia. De ello hay ejemplos notables: pensemos en las cónicas, estudiadas por Apolonio en el siglo III a. de J.C.: encontraron aplicación sólo con Kepler[41]. O el caso del cálculo tensorial, que encontró su aplicación en la relatividad general[42]. Por no hablar de la utilización —como ya decía Persico— de estructuras matemáticas «ya dispuestas» en la mecánica cuántica: cálculo de matrices, espacios de Hilbert, operadores en espacios de Hilbert, etc.

Para la tesis del carácter pre-formado, casi *a priori*, de las estructuras matemáticas aplicadas a la física teórica o a otras ramas del conocimiento de la realidad, hay un único y genuino contraejemplo: la teoría ondulatoria de Fourier. Resulta muy claro que la teoría de las series de Fourier está en realidad inspirada en la física, y precisamente en el estudio de las cuerdas vibrantes o en la teoría del calor[43].

Este es el motivo de que me horrorice un poco la teoría de la transformada de Fourier. Se trata de uno de esos algoritmos por los que la inmensa mayoría de los matemáticos y científicos se desviven, pero yo siempre lo he encontrado odiosamente lineal. ¡Demasiado lineal para ser serio!

Pero ¿no habrá quizá algún ejemplo de lo contrario? Pensemos en el cálculo de los operadores creado por Heaviside[44] o en la δ de Dirac. Dirac utilizaba la «función» δ antes de que Schwartz le abriese las puertas del «paraíso del rigor»[45].

Es cierto. Pero también aquí nos encontramos en un punto de vista similar al de la transformada de Fourier. En cuanto a esta última, como ya lo he dicho, estoy dispuesto a reconocer que ha sido sugerida por la mecánica, por la física.

Sin embargo, en muchos otros casos ha sucedido lo contrario. En cuanto a los desarrollos de la física teórica del siglo XX, en particular de la mecánica cuántica, la teoría cuántica del campo, la situación resulta bastante paradójica. De hecho es una paradoja que una teoría forjada en los años 1930-1935 y desarrollada en el marco de una matemática un tanto «barroca», supersofisticada, no haya desembocado hasta ahora en una *auténtica matemática*. Este es un síntoma bastante inquietante. Quizá se me acuse de alimentar una especie de prejuicio «imperialista», pero me parece importante para una teoría física que conduzca a una matemática significativa. Sin embargo, no ha sido esto lo ocurrido con la teoría cuántica del campo.

En la práctica, siempre que se han introducido símbolos que en principio no parecían denotar nada, se ha presentado a continuación alguien que ha proporcionado un modelo que ha permitido ver que el procedimiento en cuestión tenía fundamento, era riguroso. Por ejemplo, los matemáticos han introducido los números negativos y luego han creado los números imaginarios mediante un puro simbolismo: de lo que se trataba era de manipular símbolos, sin preocuparse de si correspondían en realidad a algo. El rigor vino después, y me refiero con ello, por ejemplo, a la interpretación de los números complejos como vectores en el plano, es decir, al conocido modelo de Argand y Gauss[46].

Pues bien, en la teoría cuántica del campo, se ha dicho que no se sabe multiplicar demasiado bien las distribuciones: pero se multiplican lo mismo, postulando la licitud de esta operación y se arreglan las cosas para derivar un cálculo, etc., pero la desgracia es que los esfuerzos por hacer de este cálculo algo riguroso, incluso en el caso mejor establecido físicamente de la electrodinámica cuántica, no han tenido éxito. Y también esto es un síntoma inquietante: quizá sea la primera ocasión en que los físicos han introducido verdaderamente un formalismo y los matemáticos no han sido capaces de justificarlo.

¡Al contrario de lo que ocurre con los números negativos y los imaginarios! [47]. *Pero lo que ahora está diciendo, ¿no contradice su predilección por «las cosas que se mueven», su tesis de que la investigación de los fundamentos es una desviación, y que el rigor no es lo más importante?*

Por supuesto que estoy convencido de que las cosas que se mueven son fascinantes, mientras que no hace ninguna falta quedarse embobado con el rigor por sí mismo. Pero la desgracia es que los físicos razonan de una manera completamente distinta. Los físicos, en general, son personas que de una teoría mal planteada deducen resultados (numéricos) que llegan hasta la séptima cifra decimal, ¡y luego comprueban esta teoría intelectualmente poco satisfactoria buscando una concordancia hasta la séptima cifra decimal con los datos experimentales! Se da así un horrible batiburrillo entre la incorrección de los conceptos básicos y una fantástica precisión numérica. Y he aquí la laguna: si los físicos no fuesen globalmente rigurosos, es decir, si no fuesen rigurosos *ni* en la elaboración intelectual *ni* en el resultado numérico, no habría nada que objetar; pero, por desgracia, pretenden llegar a un resultado numéricamente muy riguroso a partir de teorías que conceptualmente no tienen ni pies ni cabeza.

Esta forma de practicar la ciencia, que según usted parece caracterizar una buena parte de la física teórica actual, ¿no tendrá quizá sus raíces en una tradición que se remonta hasta Newton o tal vez hasta Galileo?

Por lo menos en cierta medida, contestaría afirmativamente: es la herencia del *hypotheses non fingo* de Newton. Es verdad que Newton no solía aceptar de buen grado la falta de una genuina teoría explicativa, por el contrario... ¡pero *hypotheses non fingo*! Hacia finales del siglo XVII se había llegado así a decretar que, después de todo, ya no era necesario buscar explicaciones cuando se disponía de una fórmula que funcionaba. La física ha adoptado, pues, el punto de vista según el cual las fórmulas que tienen éxito se presentan sin más explicación. Los filósofos positivistas más radicales han sostenido que el papel de la ciencia es el de proporcionar una serie de recetas que funcionen, es decir que permitan hacer predicciones y actuar con eficacia.

¿Hay, pues, una clara contraposición entre explicación y predicción?

¡Explicación y predicción son objetivos bastante contrapuestos en la empresa científica! Pero de esto ya hemos hablado.

Volvamos a la física de nuestro tiempo. ¿Considera usted que toda la investigación física actual se encuentra en las condiciones de la teoría cuántica del campo? ¿O hay teorías intelectualmente más satisfactorias?

Creo que en la llamada física fundamental —física de las partículas elementales, física de las altas energías, etc.— se está pasando en la actualidad por un período de fermentación que no se presta a la realización de balances.

Me sentiría tentado de decir que la experiencia ha permitido recopilar una fenomenología considerable, aunque los esfuerzos teóricos por organizarla de forma coherente han quedado en un estadio más bien rudimentario: cada vez más rudimentario a medida que tal fenomenología ha ido enriqueciéndose.

¿En qué sentido?

En el sentido de que, mientras más «hechos» nuevos han ido apareciendo para ser ordenados, más necesario se hace disponer de unos marcos conceptuales adecuados. Pero éstos han ido revelándose cada vez más bastos. En mi opinión, la teoría de los *quark*[48] es, en el momento actual, una teoría notablemente basta. Un colega se manifestó al respecto de una forma más bien brutal, que no repetiré aquí. Otro, con no menor brutalidad, ha modificado esa opinión definiendo dicha teoría como un estercolero en el cual, sin embargo, podrán germinar nuevas y prometedoras teorías.

¿Y cuál es su opinión?

Yo creo que la mecánica cuántica, aparte de sus dificultades, plantea problemas filosóficos significativos, como por ejemplo el de comprender la naturaleza del espacio y del tiempo en relación con las entidades físicas. Cabría preguntarse si, ontológicamente, lo primero es el espacio-tiempo de los entes físicos —materia y radiaciones— o bien si estos últimos no deberían considerarse como entidades primarias y el espacio-tiempo una especie de superestructura deducida de ellos de una manera —por otra parte— bastante misteriosa. Yo mismo me he planteado muchas dudas ante este problema: inicialmente, el planteamiento de la teoría de las catástrofes me impulsó a considerar el espacio-tiempo como entidad primaria y las partículas y las radiaciones como singularidades inmersas en esta especie de éter primitivo. Esta era en el fondo la concepción de Einstein, subyacente a su teoría de la relatividad general. El quería volver a ésta mediante una conveniente teoría del campo unificado[49]. Sin embargo, he de reconocer que el formalismo cuántico no se presta mucho para una resolución de este tipo y que quizá haya que aceptar la idea de que el espacio-tiempo no es la entidad primaria. Podrían darse entidades más fundamentales, en un cierto sentido más «psíquicas», es decir más relacionadas con el psiquismo del observador.

¿Contrariamente a Einstein, pues, una revalorización del «espíritu de Copenhague»?

Sí, desde este punto de vista quizá haya algo justo en la interpretación de Copenhague; incluso podría admitir que hay algo de verdad en esta visión del universo, según la cual la entidad primitiva *es* el fenómeno percibido por un observador. El problema consiste entonces en sintetizar las distintas visiones que tenga cada observador. Es en este sentido en el que he procurado investigar la fase compleja de la función de onda de la mecánica cuántica como expresión de una ruptura de la simetría de la intersubjetividad de los observadores. Esta es una idea que nunca han explotado las diferentes filosofías de la ciencia, y sobre la cual habrá que volver. Es una idea que me vino sugerida por la teoría de las catástrofes...

En la base está la idea de que la ciencia es conocimiento intersubjetivo. Para que sea objetiva, toda nueva adquisición ha de ser objeto de consenso: es imprescindible, pues, que los observadores se sumen y desempeñen un papel igual en la adquisión y en la interpretación de este saber.

Es una exigencia muy dura...

Sí, y si se la transfiere a un modelo geométrico o mecánico, se ve uno inmediatamene conducido a considerables restricciones respecto a la naturaleza de los entes matemáticos que pueden servir para la descripción de los fenómenos.

Es precisamente según este punto de vista que he llegado a pensar que se podía interpretar la fase de un fenómeno cuántico como una ruptura de la simetría de la intersubjetividad de los observadores.

¿Y en lo que se refiere al tiempo?

Otra de mis ideas preferidas es que el tiempo sigue siendo, a pesar de todo, algo fundamentalmente irreversible. Cuando los físicos afirman que *todos* los procesos físicos son reversibles, expresan lo que los ingleses llaman un *wishful thinking*, una intención piadosa; separan del fénomeno todos aquellos aspectos que exhiben una cierta irreversibilidad para conservar sólo el que es perfectamente reversible. Pero yo creo que no existe ninguna fenomenología sin alguna forma de irreversibilidad, dado que, para que se produzca un fenómeno, es necesario que algo penetre en nuestro ojo.

Los atomistas antiguos —Demócrito, Epicuro, Lucrecio...— pensaban que unos entes pequeñísimos, los corpúsculos, penetraban de verdad en nuestro ojo...[50].

¡Es como si un objeto natural penetrase de verdad en nuestro ojo! En el acto mismo de nuestro conocimiento sea como sea, hay siempre algo fundamentalmente irreversible. Y sólo ha sido cancelando este aspecto irreversible como los físicos han

40

podido decir que los fenómenos son regidos por leyes reversibles...

Pero en algunos campos podrían tener razón, como en la mecánica celeste.

Precisamente ésta constituye, por el contrario, uno de mis ejemplares favoritos. Si la mecánica celeste da lugar a una fenomenología es porque vemos los planetas, y los vemos porque los ilumina el sol.

Al acoplar la mecánica celeste (que en primera instancia es reversible) con ese fenómeno fundamentalmente irreversible que es la radiación solar (la transformación de la energía gravitacional del sol en energía luminosa), podemos ver los planetas y, en consecuencia, el fenómeno reversible se convierte en una fenomenología. Este es un hecho fundamental.

¿Cómo evaluar entonces la dicotomía reversible/irreversible en la física y en la química? ¿No ha sido esta dicotomía lo que ha propiciado el nacimiento de la termodinámica como sector autónomo de investigación?

Para contestar hay que salir por un momento del marco de la física fundamental para entrar en el de la macroscópica. En la física macroscópica la irreversibilidad es con toda claridad, la reina. Y aquí está la paradoja: a un nivel macroscópico. Creo que una de las razones puede ser que, a nivel macroscópico, se da una permanencia de la validez de la descripción lingüística. En otros términos: la descripción cualitativa del fenómeno, en el lenguaje común, tiene un valor permanente. La idea de irreversibilidad queda, en cierto modo, englobada en la gramática; la irreversibilidad, por así decirlo, está *en la gramática*.

¿Por ejemplo?

Ya en la distinción entre substantivo y verbo en la frase se da una especie de germen de irreversibilidad. Recurramos a mi ejemplo preferido: *el gato se come al ratón*. Se trata claramente de un proceso fundamentalmente irreversible...

Pero no todos los verbos expresan acciones irreversibles...

De acuerdo. Sin embargo me parece que si la irreversibilidad se ha aceptado en el mundo físico, es decir que se ha hecho compatible con un consenso intersubjetivo, ello se ha producido como consecuencia de la utilización del lenguaje común. El lenguaje cotidiano ha permitido la existencia de un consenso intersubjetivo en cuanto a la descripción de procesos irreversibles, mientras la descripción matemática no lo permite. Pensemos en la usual teoría hamiltoniana, esto es en la mecánica reversible. Lo que se deseaba era un modelo cuantitativo e intersubjetivamente válido. Lo cual quiere decir válido no sólo para los hombres del presente, sino también para los del pasado y el futuro: un marco global válido con independencia de la época.

¿No es posible, pues, elaborar una matemática de la irreversibilidad?

Me parece difícil. Se puede elaborar un sistema diferencial que percuta atractores: se parte de una determinada situación inicial y se buscan los estado asintóticos de la trayectoria. Si estos estados presentan propiedades, en un cierto sentido, de estabilidad estructural, se puede caracterizar una determinada evolución hacia un límite, pero, y esto es lo curioso, el propio estado asintótico se convierte en reversible. Cuando se va a $t = \infty$, es decir cuando se considera el límite para t tendiendo al infinito, da igual que se tome infinito $+ 1$ o simplemente infinito, se obtiene el mismo límite. Por tanto, en cierto modo, queda abolido el efecto del tiempo en el límite mismo: ésta es, según yo lo entiendo, una de las razones de la reversibilidad de las leyes físicas.

Aquí han quedado relegadas las situaciones transitorias, lo que es por otra parte, típico de la mecánica cuántica: lo único que se puede decir es que se «salta» de un estado inicial a uno final La transición no la conoce nadie ni nadie es capaz de describirla.

¿Pero qué decir entonces de la extrapolación de la irreversibilidad de la física a la biología?

Aquí estoy de acuerdo con Ilya Prigogine en decir que los fenómenos de los seres vivos son irreversibles. Se trata de una afirmación tan evidente que no creo que nadie se atreviese a insinuar lo contrario. Habría mucho que discutir, sin embargo, en cuanto a la metodología de Prigogine. Prigogine partió de la termodinámica; pero me parece que siempre que se han podido exhibir efectivamente las que Prigogine llama «estructuras disipativas» ha sido gracias a leyes específicas de la dinámica, en las cuales la termodinámica no aparece. Bajo esta perspectiva, me parece que su teoría resulta algo confusa, en cuanto se presenta como termodinámica en situaciones en que la termodinámica clásica no desempeña papel alguno. Nos reducimos siempre al estudio de un sistema explícito, si el sistema explícito no se conoce por completo podemos servirnos entonces de consideraciones cualitativas como las de la teoría de las catástrofes o la teoría de la bifurcación. Yo creo que mi posición es más coherente: siempre he procurado presentar modelos geométricos de las situaciones límite de las dinámicas irreversibles; precisamente en la teoría de las catástrofes me esforcé por dar en cualquier forma conceptualizaciones de los fenómenos irreversibles típicos, como por ejemplo el salto de un atractor a otro.

¿En conclusión?

En cuanto atañe a la investigación física, creo que junto a la física fundamental queda un notable lugar para la física macroscópica. Según este punto de vista, me parece legítimo concluir, aunque sea pecar un poco de optimista, que mi libro ha contribuido en algo a hacer que los físicos vuelvan a la física macroscópica, sustrayéndolos a la fascinación de la física fundamental. Y pienso en particular en la física de los sólidos y, sobre todo, en la física de los medios ordenados, de los cristales líquidos, etc. Se trata de un sector en el que en estos últimos años se han hecho muchos progresos. Una de las ideas más interesantes, en mi opinión, es la que se encuentra en la base del principio de Kleeman-Toulouse que permite reconocer, en una estructura ordenada, cuáles son sus *defectos* estructuralmente estables. Se trata de un principio que proporciona un criterio topológico en relación con la estabilidad estructural de estos defectos.

Quizá la idea no se derive directamente de la teoría de las catástrofes, pero concuerda bastante bien con su filosofía general, según la cual una estructura ordenada es algo así como un dato global y el defecto aparece como una obstrucción al prolongar este dato global a través del defecto. Quizá no quede muy claro, pero cuando se ven unos ejemplos se comprende enseguida de qué se trata. Presentemos algunos: pensemos en la orientación de las moléculas en un «neumático»[51]; nos encontramos aquí con un defecto que se denomina «curva de disclinación»; el vector constituido por la dirección de las moléculas gira cuando se dan vueltas en torno al defecto de la «curva de disclinación» y se obtiene un gradiente asociado a esta singularidad del campo vectorial; la no nulidad de este gradiente implica la estabilidad del defecto. Se trata de una idea de gran profundidad y ciertamente útil que demuestra, entre otras cosas, que las consideraciones topológicas, incluso las cualitativas, pueden intervenir en la morfogénesis de los medios inanimados.

Hasta aquí, la física. ¿Y en cuanto a la química?

Para mí la química representa una especie de zona intermedia entre las teorías matematizadas de la física teórica, como la mecánica y la física instrumental, y las teorías conceptualmente más fascinantes que se dan en biología y, hasta cierto punto, en las ciencias humanas. La química es un terreno en el que la materia actúa en cierto modo a su albedrío. En todo caso, la teoría general de la cinética química es una buena teoría que ha servido, entre otras cosas, como modelo básico para la teoría de las catástrofes, que en su forma biológica original se había inspirado en Max Delbrück[52]. Esta teoría se podía también interpretar en términos del campo de la cinética química local, y desde este punto de vista tal modelo químico ha desempeñado su papel en la elaboración de la teoría de las catástrofes. Sin embargo, he de confesar que la química propiamente dicha nunca me ha interesado mucho.

¿Por qué?

Quizá porque nociones como las de valencias, enlace químico, etc., nunca me han parecido demasiado claras desde el punto de vista conceptual. En cualquier caso, las conceptualizaciones vinculadas a la noción de densidad electrónica en las moléculas y una clasificación de las diversas bifurcaciones que experimenta la nube de densidad electrónica en el entorno de las moléculas podrían, quizá, permitir una conceptualización más satisfactoria de estas nociones

Luego la química, por así decir, es morfológica. Por ejemplo, todo lo que se ha hecho recientemente a propósito de las reacciones del tipo de la Žabotinskij[53] puede dar origen a interpretaciones bastante interesantes, tanto más cuanto que hay bien pocas reacciones químicas que den origen a morfologías, por lo menos a morfologías fácilmente interpretables.

Y sin embargo, también en otros sectores este tipo de morfologías podría resultar prometedor...

Evidentemente, si consideramos las diversas cristalizaciones en los materiales, se presenta toda una interesante morfología. Pero esto es bastante difícil de interpretar.

Hay otro aspecto interesante: en los años 1910 Stéphane Leduc pretendió dar una teoría de la vida utilizando la morfología química. Producía células con membranas artificiales. Seguramente hay en todos estos trabajos elementos para llevar a cabo productivas reflexiones y quizá nos hayamos detenido demasiado pronto en este camino. En mi *Stabilité structurelle et morphogenèse* he preconizado un estudio más sistemático de la formación de la morfología de los medios inanimados: racionalmente no se puede esperar comprender la morfología del viviente antes de haber comprendido bien la morfología de los medios inanimados. Me parece que en estos últimos años se ha hecho un esfuerzo apreciable en este sentido: hoy se acepta con más facilidad la idea de que ciertos medios inanimados generan de forma casi obligatoria, de forma extremadamente estable, morfologías extremadamente complejas. Y he aquí un orden de ideas que aportará con seguridad una nueva precisión conceptual... Obviamente, esto va contra las viejas creencias de la termodinámica, cuyo segundo principio nos dice que los sistemas van siempre de un estado ordenado a otro caótico. En realidad, si se considera de cerca la demostración del segundo principio de la termodinámica, no hay nada en absoluto que permita afirmar que la variación de la entropía esté necesariamente vinculada a una evolución hacia un estado caótico. La evolución de un sistema hacia un estado más estable podría estar relacionada con la aparición de un orden. Aquí hay evidentemente algo nuevo que los investigadores no han comprendido siempre del todo.

Habla usted, tanto respecto a la física como respecto a la química, de morfologías estructuralmente estables. Ya nos ha planteado las razones epistemológicas profundas que inducen a presuponer la estabilidad. Sin embargo, en cuanto a la mecánica, la mayor parte de los procesos no parecen estructuralmente estables.

Anticipemos aquí la que ha sido una de las más formidables objecciones a la teoría de las catástrofes. Se ha dicho que, después de todo, las leyes físicas, y en particular las de la mecánica, no son estructuralmente estables; por consiguiente, la hipótesis de la estabilidad estructural hecha a partir de modelos no es pertinente. Mi respuesta es, muy brevemente, ésta: si nos servimos en ciertos casos de la mecánica hamiltoniana, es decir de una mecánica conservativa y reversible, es porque existe un vínculo subyacente que obliga a tener en cuenta este tipo de dinámica.

¿Qué vínculo, por ejemplo?

El vínculo de la intersubjetividad. Como ya he dicho, hay que presentar una descripción válida tanto para el pasado como para el futuro. Lo curioso es que al nivel de lo macroscópico esta exigencia ya no se satisface: los modelos pierden, en cierto modo, su validez; pero siempre sigue siendo válida la descripción lingüística. Este es un fenómeno de difícil explicación: ¿por qué la descripción lingüística mantiene su validez en nuestro universo? Con las mismas palabras describimos los mismos objetos y éstos tienen prácticamente siempre las mismas propiedades, la misma apariencia, la misma forma, la misma composición. Verdaderamente, se trata de uno de los grandes enigmas del mundo en que vivimos.

Nosotros no tenemos conciencia inmediata de este enigma porque nuestro espíritu está organizado de tal modo que nos basamos en la estabilidad de las cosas para poder hablar de ellas, para utilizarlas, etc., pero eso no impide que en un plano científico la estabilidad de las cosas constituya un enorme problema.

Esta cuestión está bastante vinculada a consideraciones extremadamene refinadas sobre los sistemas hamiltonianos; en un sistema de estas características se encuentran con frecuencia lo que yo llamo «atractores vagos». Un atractor vago es una especie de gran apertura cuyo comportamiento es más o menos caótico; y después además de éste, existen unos pequeños núcleos centrales, como por ejemplo el entorno de una trayectoria cerrada central, en la que el punto se encuentra prisionero y ya no puede escapar. El conflicto entre estos distintos atractores vagos quizá pudiera modelarse con consideraciones del tipo de la teoría de la bifurcación[54], que se pueden describir lingüísticamente.

Finalmente, el hecho de que la mayor parte de los objetos con los que nos relacionamos en el mundo en que vivimos, en el mundo macroscópico, sean sólidos, corrobora a mi entender la idea de que la fase sólida sea de hecho la fase cristalina, fase que tiene una periodicidad estricta en oposición a las fases líquida y gaseosa, que son infinitamente menos ordenadas. Quizá una reflexión más profunda sobre el problema de la transición entre las fases permitiría comprender la estabilidad de la descripción lingüística, al menos parcialmente, ya que en la lengua interviene también el aspecto biológico, en particular la depredación[55].

De la química, pues, pasemos a la biología.

La biología actual está dominada por la teoría molecular. Habría mucho que decir sobre la fascinación que ejerce la biología molecular estos últimos años. Hay algo que me parece cierto: la mayor parte de las ideas que se preconizaron en los inicios de la biología molecular han experimentado de forma repentina considerables replanteamientos. Verdad es que el célebre «dogma central» según el cual el DNA es útil para la síntesis de las proteínas sigue prácticamente inalterado[56], pero las ideas que había acerca de los mecanismos que permiten esta síntesis han experimentado considerables modificaciones.

¿Por ejemplo?

Recuerdo que en cierta ocasión, en 1966, Waddington[57] me había invitado a un coloquio sobre biología teórica, celebrado cerca de la Villa Serbelloni, en Bellagio, donde me encontré con Francis Crick[58]. En esa ocasión tuve con él discusiones más bien duras, en particular sobre la cuestión de saber si una bacteria podía tener una morfología interna. Crick mantenía que la bacteria es una *enzyme-bag*, mientras que según, mi opinión, está dotada de una morfología interna extremadamente sutil y complicada. Creo que, como consecuencia de ello, la mayor parte de los bacteriólogos y de los microbiólogos abandonaron la idea de la *enzyma-bag,* reconociendo la existencia de un morfología interna de la bacteria.

En cuanto a los mecanismos que regulan la duplicación de DNA, resulta algo aún muy misterioso; nadie sabe —ni consigue describir de una forma explícita— cómo funcionan. En general, se relaciona el DNA con la conocida estructura de doble hélice: pese a que todavía no se haya encontrado una solución clara al problema de saber cómo es posible que dos filamentos logren desbobinarse sin romperse. Personalmente, soy de la opinión de que la estructura de doble hélice del DNA es una estructura más bien excepcional. Probablemente, *in vitro,* los dos filamentos no están «rebobinados» en una espiral, sino que son más bien bordes de una cinta algo plana, que puede abrirse para su lectura y experimentar muchas modificaciones. La misma continuidad lineal del genoma[59], que es uno de los puntos clave de la biología molecular, es algo que me ha parecido siempre que pertenecía más al dominio de los postulados que al de la evidencia experimental. En todo caso, lo único que importa es que el genoma existe como cantidad formal y que puede producirse materialmente con un cierto número de condiciones, pero no siempre.

Pero también se puede sostener que el modelo de Watson y Crick responde exactamente a la exigencia que usted subraya constantemente de llegar a una descripción localmente finita de la correspondiente realidad... Más ampliamente, la biología molecular procede hoy como una combinatoria, debido precisamente al reducido número de moléculas que entran en juego...

Es completamente cierto que la morfología que la biología molecular evidencia hoy respecto a ciertas estructuras como el DNA responde a la condición de ser localmente finita y, en consecuencia, descriptible.

Permanece abierto, sin embargo, el gran problema de formalizar las conexiones entre el nivel molecular (o macromolecular) y los niveles superiores (célula, organismo, etc.).

El pensamiento biológico contemporáneo está aún demasiado fascinado por la molécula y no tiene consciencia suficiente de los vínculos globales que actúan en el metabolismo. En el terreno de la biología hay que hacer un enorme esfuerzo de educación, y no sé cuánto tiempo hará falta para llegar finalmente a una intuición de los vínculos globales. Personalmente, he propuesto en mi libro ciertas ideas, que han quedado en letra muerta, aunque sigo convencido de su validez, por lo menos como marco general de los vínculos que actúan en un metabolismo que se autorreproduce.

Ha habido ya quien le ha objetado que esa actitud «globalista» tiene precedentes precisos, como Lysenko...[60].

Citar el nombre de Lysenko resulta un poco tendencioso: Lysenko no tiene, por supuesto, el monopolio de las declaraciones holísticas en biología. Antes que nada quiero decir que la autorreproducción de un sistema, por ejemplo una célula que genera dos células que descienden de ella, apela necesariamente a vínculos de carácter topológico, e incluso la existencia del genoma, según mi punto de vista, es uno de los aspectos de estos vínculos topológicos.

Cuando creé la teoría de las catástrofes, pensé aplicarla inicialmente a la embriología. Como anécdota, creo que tuve esta intuición cuando visitaba en Bonn, en Alemania, en 1961, el Museo de Historia Natural del Poppelsdorfer Schloss. Se celebraba una recepción ofrecida por los matemáticos de la Universidad e iba visitando este museo cuando vi un modelo en yeso que representaba la gastrulación[61] del huevo de la rana. Al ver el surco circular que se formaba, para luego volver a cerrarse, vi, por asociación, la imagen de una cúspide truncada de una singularidad. Esta especie de «visión» matemática fue el origen de los modelos que a continuación propuse para la embriología. Claro que no creo haber creado escuela en este campo, ya que este tipo de investigación se ha quedado en letra muerta entre los biólogos. Quizá haya que esperar unos quince años para que este tipo de consideración consiga abrirse camino.

En su libro se ha vuelto usted contra los biólogos. ¿Cuál ha sido el obstáculo que ha impedido que sus ideas tuviesen buena acogida?

Resulta bastante paradójico que los comentaristas de mi libro se hayan atenido sobre todo a los aspectos matemáticos del texto, corriendo un tupido velo sobre mis consideraciones biológicas. Entre los diversos comentaristas, sólo Klaus Jänich ha tenido la valentía de presentar las cosas en sentido inverso, haciendo notar que, después de todo, el gran interés de mi libro podría residir precisamente en la interpretación de los fenómenos biológicos, y de los embriológicos en particular, y no tanto en la parte matemática, que ya está superada en cierta medida. Pero me habían preguntado ustedes por qué los biólogos no han comprendido o no han aceptado mi punto de vista. Pues bien, se pueden dar distintos motivos: el primero es que toda la biología contemporánea está dominada por la experiencia; por tanto, dado que las hipótesis avanzadas por mí no son susceptibles de verificación empírica —por lo menos en su forma actual—, los biólogos que piensan únicamente en términos de experiencia sostienen que mis ideas son «fábulas», que al no tener comprobación empírica no son de ningún interés. Pero la filosofía según la cual todo lo que no es justificable por la experiencia carece de interés está, a su vez, privada de interés: según mi opinión, es una filosofía limitada, «estrecha», si así se puede decir. Y hay una segunda razón: la utilización de conceptos un tanto abstractos como los de sistema dinámico, campo morfogenético, atractor, etc., plantea serios problemas al nivel de la inteligibilidad, tal vez debido a la tradicional insuficiencia de los biólogos en cuanto a la matemática.

¿Hay alguna otra razón?

Quizá ésta: los biólogos contemporáneos creen no tener necesidad de teorías. Ya que les parece que pueden trabajar con plena libertad sobre el material biológico, no sienten esa necesidad. Y, por otra parte, si se puede verdaderamente trabajar sin una teoría, ¿por qué buscar una?

Es decir, que en biología el trabajo empírico lo es todo...

50

Las investigaciones estimuladas por razones prácticas —como la clínica médica o el control de las epidemias— exigen una aproximación experimental importante. Lo curioso es que el pensamiento biológico ha llevado a un plano general una exigencia de acción procedente de la medicina y de las necesidades sanitarias. Así que los biólogos no sienten necesidad de teorías, y la prueba palmaria de ello es que nunca han instituido cátedras de biología teórica.

Hay algún ejemplo en sentido contrario...

Sí, pero por regla general estas cátedras de biología teórica no duran mucho. Por ejemplo, recuerdo que la Universidad de Buffalo, en USA, había instituido una, que muy pronto se vinculó a disciplinas «serias», como la biofísica o la bioquímica.

¿Simple conservadurismo académico?

No sólo eso. Aquí ha intervenido la circunstancia de que el pensamiento biológico contemporáneo ha tropezado por lo general con la idea de que los procesos vitales podrían quedar sometidos a un análisis de tipo conceptual, sin recurrir a un conocimiento químico profundo.

De manera que en biología hay dos campos «serios»: la biofísica y la bioquímica. Y no queda lugar para la biología teórica.

Exacto. El espacio para la teoría queda muy restringido, incluso a un nivel institucional.

¿Y no se corre el riesgo de que ocurra algo parecido con las ciencias humanas?

No; en mi opinión, en las ciencias humanas la situación es algo distinta. Al contrario que los biólogos, los investigadores de las llamadas ciencias humanas tienen perfecta conciencia de que no tienen auténticas teorías.

Los lingüistas son en parte una excepción...

Sí, respecto a los lingüistas la cosa es diferente; creen haber alcanzado ya los niveles supremos de la cientificidad y consideran las demás disciplinas un poco desde arriba. Pero los economistas, los sociólogos, los psicólogos, son conscientes de las dificultades con que se encuentran para producir modelos teóricamente satisfactorios. Así, se muestran extremadamente bien dispuestos para tomar en consideración cualquier cosa que los matemáticos puedan proporcionarles. Desde este punto de vista, el matemático tiene una gran responsabilidad: de lo que aquí se trata es de frenar los entusiasmos, más que de suscitarlos.

Los especialistas en ciencias humanas tienen un auténtico complejo de inferioridad con respecto a las ciencias exactas...

Así es.

Se trata de una verdadera necesidad de legitimación.

Sí. Todo lo que los matemáticos les dan es bien recibido. Es un desafío para la creatividad del matemático... Sin embargo, me siento perplejo y desilusionado porque los criterios más favorables confunden el sentido de la modelización matemática en las ciencias sociales.

Veamos, por ejemplo, toda la controversia sobre los modelos construidos por Zeeman *via* la teoría de las catástrofes[62]. Se trata de modelos que, en mi opinión, no se prestan mucho a un tratamiento cuantitativo. Si se les quiere hacer cuantitativos a la fuerza, se consigue sólo una espúrea cuantificación, *spurious quantification,* como han escrito Sussmann y Zahler[63]. El verdadero interés de estos modelos no reside en la buena o mala cuantificación que podrían eventualmente consentir. Pero de esto ya hablaremos más adelante.

Esta insistencia en los resultados cuantitativos ¿no está relacionada con la inflación experimental en la ciencia?

Sí. Este es uno de mis temas preferidos. Gran parte de las cosas que se dicen en la actualidad sobre el progreso de la ciencia experimental es un diezmo que la corporación científica otorga a la opinión pública para que ésta siga subvencionando la investigación.

O sea que hay una especie de propaganda para el público no especialista...

...que se queda muy convencido de que lo que se hace es muy importante. En mi opinión, todos estos discursos sobre el progreso hay que tomarlos con muchas reservas. Creo incluso que los investigadores de la generación de nuestros padres o incluso de nuestros abuelos (es decir, hacia 1880-1900), conocieron e hicieron frente a problemas mucho más importantes que éstos con los que se está enfrentando la generación actual.

¿Cómo valora, pues, una de las afirmaciones predilectas de Jean Dieudonné, según la cual ha habido más progreso en matemáticas, desde digamos, el 1945 hasta aquí, que en el período de tiempo que va desde Tales de Mileto hasta el final de la Segunda Guerra Mundial[64]? Es que quizá se da en las matemáticas un tipo de progreso o un ritmo de crecimiento distinto del de las ciencias empíricas?

A mi juicio, el criterio de Dieudonné es más válido en el terreno cuantitativo que en el cualitativo. No quiero menospreciar lo que se ha hecho en matemáticas en los últimos años, pero me resulta difícil advertir progresos verdaderamente notables en matemáticas después de 1964. Quiero decir que no vislumbro nada comparable al desarrollo de la topología abstracta de los años cincuenta, a los desarrollos de la dinámica cualitativa de Smale[65] en los primeros años sesenta. No comprendo muy bien a qué se refiere Dieudonné. Probablemente a los progresos de la geometría algebraica abstracta...

Aunque sí se ha producido algo muy importante en los últimos quince años, debido a Hironaka: la resolución de las singularidades de las variedades algebraicas[66]. En cuanto al resto, quiero recalcar que han sido progresos de carácter técnico más que otra cosa. Pero quizá sea un problema de ignorancia por mi parte... como decía antes, me he apartado en exceso de la investigación matemática de punta.

Así pues, ¿ni siquiera en matemáticas se produce una cosecha de éxitos deslumbrantes?

Seré prudente. Me parece que una afirmación como la de Dieudonné podrían aprovecharla aquellos especialistas que siguen proclamando que la ciencia consigue éxitos, sólo para justificar la importancia que se les atribuye y para lograr un mayor crédito social. Claro que no creo que ésta sea la actitud de Dieudonné: los matemáticos exigen poco.

Aludo sobre todo a la mala costumbre de ciertos «expertos» —en física, en biología, etc.— que enfatizan las «conquistas» de las respectivas disciplinas... Esta es una actitud que, en mi opinión, deberían controlar rigurosamente los adictos a los *mass media*. Una de las grandes aportaciones de la epistemología de T. S. Kuhn ha consistido precisamente en mostrar que el progreso científico es automático. Por definición, un saber científico no puede hacer más que progresar; mientras el arte y la filosofía no progresan necesariamente, la ciencia progresa obligatoriamente.

Entonces, desde este punto de vista, decir que la ciencia progresa no es más que enunciar una simple tautología.

Eso es. El problema real no es saber si una ciencia progresa, sino evaluar la calidad del progreso. Y así, si consideramos en su conjunto lo que las ciencias han producido desde los años cincuenta hasta aquí, podremos llegar a la conclusión de que los progresos han sido *cualitativamente* mucho menos significativos de lo que cabría esperar de una forma razonable. Las estadísticas ponen bien de manifiesto que han habido más científicos desde 1950 en adelante que en toda la historia precedente de la humanidad. ¿Podemos por ello afirmar que el progreso que ha aportado esta leva masiva de científicos es comparable a los esfuerzos que la humanidad ha consagrado a la empresa científica en el pasado? En absoluto. Se ha producido un estancamiento en el crecimiento después de los años cincuenta...

Y sin embargo la opinión pública tenía la vaga sensación de un importante progreso científico, precisamente en aquellos años.

¡Es una ilusión! Incluso en la vida de cada día encontramos efectos del estancamiento. Pensemos, por ejemplo, en la utilización de la energía fósil. Ha hecho posibles muchos progresos: mejora de las comunicaciones, transporte más rápido, etc. Sin embargo, las reservas se agotarán un día u otro. La crisis del petróleo es un síntoma preocupante. ¿Cómo se reemplazarán, dentro de no mucho tiempo, las fuentes energéticas tradicionales?

O sea que la ciencia no ha cambiado nuestra vida en los últimos tiempos...

Sin duda. Pero en el terreno del bienestar no creo que haya dado los frutos esperados. La esperanza de prolongar la vida, por ejemplo, no se ha satisfecho en estos últimos años, ni siquiera en los países desarrollados. La medicina sigue mostrándose prácticamente impotente ante enfermedades degenerativas que detienen la vida humana en el umbral de los 70-80 años. Así pues, el desarrollo de la biología no ha tenido efectos radicales en cuanto a la cuestión del mejoramiento de la salud y de la longevidad.

Sin embargo, es innegable toda una serie de éxitos de la investigación física.

Hasta este momento, se trata de éxitos tecnológicos —física de los sólidos, física de los materiales— que en sí no significan aún bienestar. ¡Y eso por no hablar de la energía nuclear!

En cuanto a esta última: ¿promesa o amenaza?

Ya están bastante claras las dificultades relacionadas con la utilización civil y militar de la energía nuclear. No quiero extenderme en ello.

En general, ¿balance negativo?

No, positivo a pesar de todo: no puede ser de otra manera (por lo menos, si estamos de acuerdo con Kuhn). En todo caso, en el terreno de la eficacia y de las posibilidades de mejora de las condiciones de vida, se podría insinuar la duda de si el balance es negativo o no.

Hay alguna excepción...

El único punto en el que me parece que se da indiscutiblemente un progreso importante es en la investigación del espacio. Enviando observadores más allá de la atmósfera terrestre ha mejorado, con toda seguridad, nuestra capacidad de investigar los cielos: la astronomía derivará para sí beneficios de unas mejores observaciones. El descubrimiento de objetos celestes extraños, de «monstruos del espacio», no hace más que confirmarlo; pensemos en los *púlsar*, los *quasar*, los llamados agujeros negros. Estamos en una situación en la que la astronomía empieza a percibir una rica «patología» en los cielos; la investigación de esta patología se revelará preñada de enseñanzas, seguro.

Pero, aparte de eso, los críticos de los distintos programas espaciales sostienen que estas empresas no afectan mínimamente la calidad de la vida...

Pues claro; no se ve cómo la conquista del espacio externo podría ser útil para la humanidad. Sin embargo, diría que está en la lógica de la evolución y del destino terrestre tratar de «colonizar» todos los espacios posibles.

Y ahí está el hecho, en todo caso, de que bajo el aspecto del incremento del bienestar global de la humanidad se haya producido quizá un pecado de optimismo...

La opinión pública, a mi entender, ha sido en cierta medida engañada por las declaraciones optimistas de los especialistas. Y es posible que los mismos gobiernos hayan sido víctimas de este optimismo. Pero, éstos, claro está, tienen también otros motivos para interesarse por la ciencia, no desestimando la posibilidad de las aplicaciones energéticas y militares.

Quizá se podría plantear como «criterio» de progreso el incremento de nuestra comprensión del mundo, en una perspectiva «más desinteresada»...

Si se quiere sostener que el objetivo último de la ciencia es comprender mejor el mundo que nos rodea, hacerlo «más inteligible», tampoco me parece que desde este punto de vista se hayan producido últimamente grandes progresos. Claro que ha-

brá alguno que objetará enseguida: ¡está la biología molecular!
Como ya he dicho antes, me parece que la biología molecular
ha dado más problemas que los que ha resuelto.

*¿Y no podría ser precisamente esto el signo del auténtico pro-
greso científico? Si los problemas son el pan de la ciencia (como
decía André Weil, al menos para las matemáticas[67]), ¡que sean
bienvenidos!*

La biología molecular ha atraído la atención sobre ciertas
morfologías de las moléculas en el interior de los procesos vitales y, con razón, ha mostrado que tales moléculas tenían un
carácter extremadamente típico, simbólico, desempeñando un
papel central en la regulación global del ser vivo. En el fondo,
la biología ha procedido desde el punto de vista molecular de
la misma forma que los neurofisiólogos lo han hecho respecto
de la localización cerebral: si un proceso requiere la integridad
de una determinada parte del cerebro, se produce la tendencia
a decir que es aquella parte del cerebro la responsable. De
forma análoga, ya que la síntesis de una proteína requiere la
presencia del DNA, se tiende a decir que el DNA es responsable de la síntesis de las proteínas. Si se replanteasen las cosas
en una perspectiva global, se caería en la cuenta de que la situación no es tan simple. En resumen: toda la biología molecular se basa en la idea de que para cada proceso se puede encontrar un agente químico responsable, ¡pero a esta mitología
habría que renunciar de una vez por todas!
Por ejemplo, cuando se quiere combatir una enfermedad ví-
rica, se intenta destruir el virus con un agente químico (al que
se da el nombre de «interferente»). Hay que ser de una inge-
nuidad inaudita para creer que una sola sustancia química puede
actuar sobre todos los tipos de virus... Pero toda la historia de
la biología molecular no es más que una serie de ingenuidades
de este estilo, contradichas por la experiencia. Se deseaba que
un solo agente, un único encima, fuese el responsable de la duplicación del DNA, que hubiese una sola polimerasis, mientras
que en lugar de eso lo que hay es un número enorme de
polimerasis[68]; se deseaba que hubiese una correspondencia biu-
nívoca entre el gen y el m-RNA (RNA mensajero), mientras
que con respecto de los eucariotas no se ha encontrado nada de
eso[69]. Se ha descubierto en su lugar que el m-RNA estaba com-

puesto a partir de segmentos pertenecientes a genes diferentes muy distantes uno de otro en el genoma, y así sucesivamente.

En resumen, que no acabaríamos nunca de enumerar todas las modificaciones que se han ido introduciendo al dogma central de la biología molecular[70]. En conclusión, el pseudoprogreso de la biología molecular ha sido un progreso de simple descripción, no de explicación. Y, después de todo, en lo que concierne a los procesos generales de la regulación de los seres vivos, me atrevo a afirmar que, paradójicamente, se los conocía mucho mejor antes del descubrimiento del DNA y de las moléculas químicas que caracterizan el genoma, salvo excepción de ciertos casos, pero muy particulares, muy locales. Todavía hay muchas lagunas en la comprensión general de los mecanismos de regulación; los progresos de los que se envanecen los biólogos son en realidad adquisiciones de nuevas descripciones. Es este aspecto de la cuestión el que se relaciona esencialmente, como decía, con el aspecto puramente empírico de la ciencia moderna. Hoy se cree que cualquier ciencia ha de ser experimental y que sin experimentos no es ciencia en realidad.

Existe, entonces, una tendencia antiteorética cada vez más clara.

Yo, sin embargo, sigo creyendo que sólo mediante el perfeccionamiento de las «entidades teóricas», como los llaman los positivistas, como una disciplina puede esperar la realización de progresos realmente significativos. Lo malo es que siempre cabe hacer experiencias, con cualquier cosa y con cualquier instrumento. Basta tener un instrumento, ponerlo a funcionar en tal o cual condición, en éste o aquel ambiente, etcétera, y se obtendrán, con toda seguridad, «datos» que luego pueden presentarse como «producción científica». La «inflación experimental» no es menos perniciosa que la inflación económica: se tienen unos instrumentos a disposición, se utilizan masivamente y se consigue un masa descomunal de datos, con los cuales, finalmente, no se sabe qué hacer. Los datos llenan bibliotecas enteras y se quedan en archivos polvorientos, y ya nadie se interesa por ellos.

¿Y qué remedios hay para este tipo de «inflación»?

58

Me parece que la única salida es un esfuerzo teórico extremadamente serio. Tal esfuerzo debería plantearse de algún modo la canalización de esta proliferación experimental. Es seguro que lo que digo no gustará a la casta de los científicos experimentales que basan su carrera en esta *expérimentation routinière*... Creo que un día u otro la sociedad caerá en la cuenta de esta situación y tratará de ponerle freno; ¡será un despertar amargo para los propios científicos! Deberían preocuparse ya desde ahora en orientar las investigaciones experimentales de modo que su utilidad y su interés sea *a priori suficiente*. Cuando la sociedad pase cuentas a los investigadores, entonces volverá a sentirse la exigencia de una armazón teórica que permita una valoración del trabajo experimental. Así es como veo las cosas en cuanto a la ciencia y a la orientación global de la investigación.

¿Y dónde buscar las raíces de este experimentalismo llevado al extremo?

También en este caso habría que partir del *Hypotheses non fingo* de Newton y de todo aquel planteamiento según el cual la investigación busca recetas eficaces, para encontrar el truco del éxito. Eso es, por ejemplo, lo que normalmente se hace en farmacología: se aíslan fármacos que actúan en ésta o aquella situación determinada y luego se intenta utilizarlos en situaciones análogas. Quede bien entendido que este procedimiento está perfectamente justificado desde un punto de vista práctico, y que desde este punto de vista no existe razón alguna para oponerse a la experimentación; pero reducir la ciencia a una serie de recetas eficaces significa no ver la verdadera importancia de la empresa científica. Esta consiste en el incremento de nuestra comprensión del mundo, en hacer las cosas más inteligibles. Si disponer de recetas eficaces no incrementa la inteligibilidad, *on passe à coté*.

¿Hay, pues, un cierto conflicto entre necesidades y comprensión del mundo, entre aplicaciones y teorías, entre razones prácticas y motivaciones teóricas?

Entre estos dos planteamientos fundamentales de la ciencia —comprender el mundo y actuar sobre él— creo que sería mejor subordinar el segundo al primero, más que el primero al segundo. Muchos son de la opinión de que estas dos finalidades son conciliables, incluso que van al mismo paso: para comprobar si algo se ha comprendido bien tiene que haber verificaciones mediante la acción, y sólo se puede actuar bien, por otro lado, en una situación que se comprende bien. Yo no creo en este tipo de «armonía preestablecida»; en realidad se plantean muchas situaciones en las que comprender y actuar están disociados de una manera bastante fundamental. Acabo de mencionar el ejemplo de la acción de los fármacos; en muchos casos un fármaco resulta eficaz sin que se comprenda la razón.

Al contrario de lo que afirman ciertas filosofías de la ciencia o ciertas «concepciones del mundo y de la historia», se podría auspiciar entonces una cierta autonomía de la investigación teórica...

En mi opinión, hay que poner otra vez el acento en las exigencias de comprensión de los fenómenos, *sin imponer el vínculo de la acción eficaz.* Y para comprender los fenómenos hay que substituir los métodos experimentales ciegos —típicos de muchas ciencias actuales— por un procedimiento que exija un poco más de inteligencia y reflexión. Yo creo que la matemática puede desempeñar aquí un papel importante.

Haber planteado dilemas como ciencia pura/aplicación y teoría/experiencia nos ha llevado de forma natural al terreno de la filosofía. ¿No aspira ésta a una explicación global del mundo? ¿No pretende también proporcionarnos normas de vida y ser una especie de «guía para perplejos»? ¿Cómo se concilian las aspiraciones de la filosofía con las de la ciencia?

Ahí está la célebre afirmación de Heidegger: «Die Wissenschaft denkt Nicht», la ciencia no piensa, a lo que añade, con razón: «porque no es su objetivo». Es cierto que se ha producido un divorcio entre ciencia y filosofía en el siglo pasado, debido esencialmente a que la ciencia llevaba a procedimientos eficaces, cosa que nunca consiguió la filosofía, si se excluye algún caso de sabiduría práctica. Por otra parte, los métodos utilizados por la ciencia resultan ahora de difícil comprensión para los filósofos: baste pensar en los métodos teóricos de la física fundamental que, como hemos visto, requieren matemáticas muy sofisticadas; el «lego» ya no puede controlar la enorme masa de datos de laboratorio que existen. Por todas estas razones, los filósofos han dejado a los científicos la indagación de la naturaleza, que tanto fascinaba a los presocráticos, y se han confiado en el campo de la introspección.

...y naturalmente la ciencia «oficial» ha marcado este campo como «divagación extracientífica»...

Habría mucho que decir al respecto. Creo que los métodos de la introspección no carecen de valor, pero no son suficientes. Tienen límites muy estrechos. Hay enormes dificultades que nos impiden la comprensión de nuestra estructura: el psiquismo humano no puede autosimularse sin modificarse, alienarse o alterarse. Hay barreras naturales que nos impiden ver los elementos constitutivos esenciales de nuestro yo. Sólo el análisis de la naturaleza nos permite ir más allá de estas barreras; sólo este análisis puede hacernos conscientes de mecanismos demasiado implícitos en nuestra actividad mental. En mi opinión la importancia del conocimiento científico consiste precisamente en que nos permite rodear ciertos obstáculos implícitos en la visión que proporciona la introspección. También la ciencia, pues, es una especie de «hermenéutica».

¿Y por qué este aspecto no se ha conceptualizado lo suficiente?

Ante la pretensión del saber científico de representar un conocimiento cierto e indudable, la filosofía tradicional ha tenido que renunciar a sus objetivos cognoscitivos, ya que, como máximo, podía proponer aserciones inciertas o conjeturales. Por otra parte, las dificultades relacionadas con la utilización de la deducción matemática en física y el carácter incontrolable por parte de los no expertos de los datos proporcionados por los experimentadores han expulsado literalmente a los filósofos de la empresa científica.

¿Y no era cometido de los científicos construir una nueva «filosofía de la naturaleza»? ¿No podían sacar a la luz pública

*los presupuestos «tácitos», los postulados «implícitos» que guia-
ban su práctica científica?*

Excepto unas cuantas excepciones (Poincaré, Schrödinger...)
esto no se ha producido. La articulación de la tarea investigativa
en especializaciones claramente separadas (y a veces en competencia entre sí para obtener financiación pública) y la constitución de una auténtica «casta» de investigadores científicos en
quienes los intereses corporativos sofocan con demasiada frecuencia las ambiciones intelectuales, han reprimido desde el nacimiento cualquier tentativa de pensamiento generalizador.
Preocupados por difundir y exaltar ante la opinión pública el
mito de la ciencia (sobre todo experimental) como fuente ex-
clusiva de conocimientos, la inmensa mayoría de los científicos
se han contentado con una filosofía sumaria, en este momento
de corte neopositivista o popperiano, según la cual sólo asertos
comprobables o falsificables son «científicos»... Por otra parte,
la *Naturphilosophie* ya había muerto; no pudo sobrevivir a Sche-
lling o, si se prefiere, a la *Teoría de los colores* de Goethe[71],
que cometió el error de transponer a la física una teoría que
tenía una cierta validez en la psicología de la visión, transfi-
riendo así al macrocosmos una estructura propia del microcosmos. Los grandes éxitos prácticos de la física y de la biología
en el siglo pasado dieron por fin el golpe de gracia a cualquier
intento serio de filosofía natural.

*Existe un duro juicio de Helmholtz acerca de Hegel. Este se-
ría, según él, el responsable del divorcio entre ciencia y
filosofía[72]...*

No cabe duda de que el divorcio entre ciencia y filosofía fue
resultado también de las irracionales ambiciones de filósofos
que, como Hegel, pretendían con sus sistemas dar una explicación universal del curso completo de la historia. Los científicos, por su parte, han hecho suya la actitud opuesta, consistente en afirmar que el esfuerzo filosófico carece de todo interés: es suficiente examinar los hechos para ver aquello que
necesitamos. Pero limitarse a los «hechos» no puede conducir
más que a la acumulación de un conocimiento desprovisto de
cualquier organización interna, un conocimiento caótico y anár-
quico. Si en lugar de eso se quieren organizar de veras los datos

de la experiencia, hay que proceder necesariamente de una manera más teórica, es necesario disponer de marcos *a priori*.

Hay mucha epistemología actual que insiste en el hecho de que la experiencia está impregnada de teoría[73]. Esto es también una banalidad; exagerándola, se puede también sostener que los hechos no existen si no es en función de la teoría. En mi opinión, no hay que seguir en esta dirección hasta sostener que los hechos son, sin más, creaciones de la teoría; pero esto no quiere decir que existen hechos en sí, «hechos brutos». Los hechos se consideran en relación con una cierta problemática, son *respuestas* a un cierto tipo de *preguntas*.

En conclusión: sitúo el esfuerzo de la ciencia en la capacidad de organizar los datos de la experiencia según esquemas impuestos por estructuras teóricas. Como decía antes, soy de la opinión de que le corresponde a la matemática proporcionar estas últimas. A partir de aquí, se puede ya determinar también cuál es el papel de la teoría de las catástrofes en sentido estricto.

La teoría de las catástrofes

Vayamos, pues, a la teoría de las catástrofes.

Ante todo hay que ver con claridad que la teoría de las catástrofes no es una teoría científica en el sentido corriente del término. Es decir que no es una teoría científica como lo son, por ejemplo, la teoría de la gravitación de Newton, la teoría del electromagnetismo de Maxwell o incluso la teoría de la evolución de Darwin. Respecto a teorías de este tipo cabe el derecho de decir que se han visto, en algún sentido, confirmadas por la experiencia, es decir que se pueden aducir argumentos experimentales en su favor.

Pero la teoría de las catástrofes no ha de satisfacer esta exigencia. El término «teoría» se entiende aquí en un sentido muy particular: yo diría más bien que se trata de *una metodología*, o acaso de una especie de lenguaje, que permite organizar los datos de la experiencia en las condiciones más diversas.

¿No es entonces un poco como el cálculo de fluxiones y fluentes para Newton o el cálculo diferencial e integral para Leibniz?

Yo diría que eso es una buena analogía. El cálculo diferencial fue creado esencialmente para describir la evolución de los estados de un sistema, en particular la evolución del movimiento de un cuerpo. Siempre quedaba una cierta *unidad del sistema;* en el caso del movimiento, por ejemplo, la unidad venía representada por el cuerpo material, que permanecía siempre igual a sí mismo. De forma análoga, cuando se describe la evolución de un sistema mecánico con una ley diferencial, se puede decir que existe un espacio de las fases que describe la totalidad de los estados posibles del sistema, un espacio del cual no se sale[1]. En la teoría de las catástrofes la situación es un poco más paradójica: se esfuerza por describir las *discontinuidades* que pudieran presentarse en la evolución del sistema. Intuitivamente, se admite que la evolución global de un sistema se presenta como una sucesión de evoluciones continuas, separadas por saltos bruscos de naturaleza cualitativamente diferente. En principio, para cualquier tipo de evolución continua subsiste una modelización de tipo diferencial clásico, pero los saltos hacen que se pase de un sistema diferencial a otro. El dato de la teoría de las catástrofes aparece entonces como una especie de «paquete» de sistemas diferenciales que, en la mejor de las hipótesis, se dan en número infinito. Así pues, el punto representativo «salta» de una evolución continua descrita por un sistema de ecuaciones diferenciales a otra evolución continua descrita por otro sistema y,en determinadas circunstancias, no se puede excluir que un número finito de sistemas no sea suficiente para describir la situación por completo. Este es, brevemente, el esquema global de la teoría.

¿Cómo se presenta, pues, el intento «hermeneútico» de la teoría de las catástrofes?

Para hacerse una idea, creo que sería útil recurrir a un modelo clásico, el de la «caja negra». Una caja negra no es otra cosa que un sistema que comunica con el mundo exterior sólo mediante unas entradas *(inputs)* y una salidas *(outputs)*. En cualquier momento, si se determina la entrada, el sistema da las salidas.

Se puede suponer que el espacio de las entradas es, por ejemplo, un espacio euclídeo[2] R^r de dimensión r y el espacio de las salidas un espacio euclídeo R^n de dimensión n. Entonces, en el espacio producto $R^r \times R^n$, la correspondencia entrada-salida vendrá representada por un punto, y una serie de experimentos realizados sobre el sistema lleva a la construcción de una nube de puntos en tal espacio (fig. 2). Un problema de fondo de la teoría de sistemas y de la teoría de los autómatas es en general como se puede reconstruir conociendo las nubes de puntos que pueden generarse de este modo, el mecanismo interno —o el sistema de mecanismos internos— de la caja negra. Desde este punto de vista, se da con frecuencia una situación de este tipo: cualesquiera que sean los datos iniciales, o el procedimiento o el plan de las sucesivas entradas que llegan al interior de la caja negra, la nube de puntos tiende a una situación asintótica, con independencia de la selección de las entradas. Se trata, pues, evidentemente, de una situación un tanto particular, que en ciertas ocasiones puede ser falsa. Creo que para una clase muy amplia de sistemas debería existir un teorema que estableciese que para cualquier selección de la teoría de las entradas la nube de puntos tiende a una distribución de las probabilidades única y bien definida. Pero demostrar un teorema semejante exige consideraciones que, por lo menos en el momento presente, no están a nuestro alcance. Siempre hay casos excepcionales, en cuya correspondencia las salidas son asimismo excepcionales y en correspondencia con las cuales, a su vez, la nube de puntos tiene una forma muy especial, muy distinta de la acostumbrada. La selección de estas historias excepcionales es, por otra parte, muy importante, por cuanto, si pueden ser puestas en evidencia, se puede derivar información interesante de ellas acerca de la estructura interna del sistema. Sin embargo, lo que ocurre en general es que, a falta de datos *a priori* acerca de los mecanismos del interior de la caja cerrada, se vuelve a caer en el caso en el que se tiende hacia una nube de puntos que tiene una estructura asintótica relativamente bien definida. El problema, en este punto, consiste en interpretar los mecanismos internos que generan esa estructura asintótica, y es aquí, evidentemente, donde entra en juego el método de la teoría de las catástrofes. Tal método consiste en suponer, en una primera aproximación,

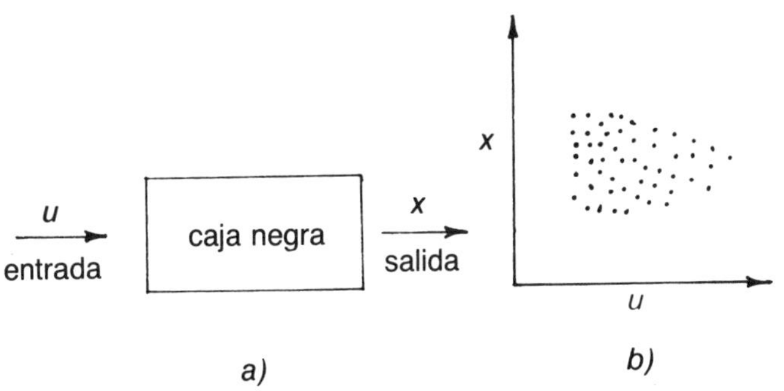

Fig. 2 *a)* El esquema de la caja negra. *b)* La nube de puntos.

que se puedan considerar en primera instancia casos muy particulares.

Veamos enseguida algún ejemplo. Hasta ahora, de hecho, la noción general de aplicación[3] *es la que modela la idea intuitiva de una correspondencia entre las entradas (consideradas como elementos de un adecuado subconjunto* U *de* R^r*) y las salidas (consideradas como elementos de un adecuado subconjunto* X *de* R^n*)...*

Una primera simplificación puede consistir en considerar sólo aquellas aplicaciones en las que a una entrada de *U* corresponde sólo un número finito de salidas, es decir de elementos de *X*.

Consideremos el grafo vinculado a la aplicación: este grafo está constituido por cualquier *u* de *U* de las parejas *(u, x)*, tales que *x* es elemento de un conjunto finito I_u de puntos de *X* tal que cada I_u corresponde a *u*. El grafo *C* representa en cierto sentido la «característica» del sistema.

Para concretar las ideas, supongamos *n = r = 1*. Planteémonos ahora el caso de que *C* sea una curva lisa, cerrada, convexa (fig. 3) que admite dos puntos críticos (es decir, con tangente vertical) *a, b*. En el espacio de control *U*, sean *a', b'* las proyecciones de *a* y *b*. Consideremos en primer lugar valores *u* comprendidos entre *a'* y *b'*: a estos les corresponden dos salidas posibles, *x (u)* y *x' (u)*. Supongamos que el sistema se encuentra en *x(u)* en la porción superior de *C*. Si incrementamos *u*, *x (u)* varía continuamente con *u* (en función del teorema de las fun-

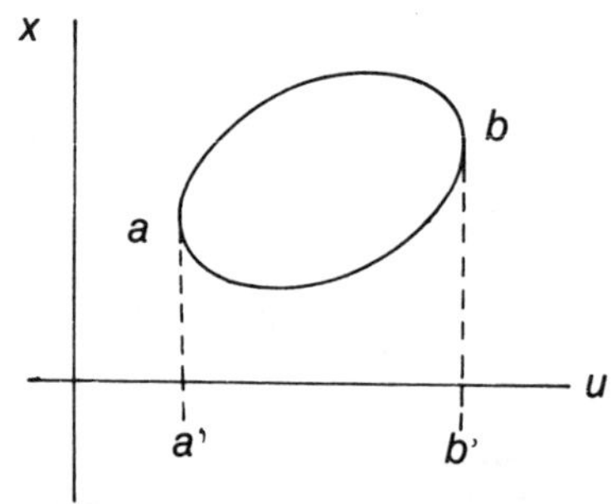

Fig. 3 La característica del sistema es una curva cerrada, lisa, convexa.

68

ciones implícitas), por lo menos mientras $u < b'$; para $u = b'$, $x (u)$ coincide con b. Pero, ¿y para $u > b'$? Si el experimentador insiste y da a u valores mayores que b', no cabe otra solución que destruir el sistema. Y he aquí la catástrofe en el sentido usual del término, como por ejemplo la explosión de una caldera si se lleva la presión del vapor más allá del límite de resistencia.

Pero, precisamente, la «catástrofe», en el sentido de la teoría de las catástrofes, no tiene esta connotación desastrosa...

Cierto. Pongamos un ejemplo un poco diferente del anterior. Se mantiene $n = r = 1$, pero en esta ocasión la característica C tiene la apariencia de una curva en forma de S mayúscula (véase fig. 4). Seguimos teniendo dos puntos críticos, a y b, y dos valores críticos, a' y b', en U. Imaginemos, como antes, que el valor u, comprendido entre a' y b', corresponde en la porción superior de C a $x (u)$. Hagamos ahora que u crezca hasta alcanzar el valor b': $x (u)$ describe por continuidad el tramo superior de C hasta llegar al punto b. Si u se prolonga más allá de b', el sistema escapa a la destrucción en cuanto permite a $x (u)$ «saltar» con gran rapidez al tramo inferior de C, en b_1. Si finalmente hacemos que u vuelva a bajar hacia a', $x_1 (u)$ se mueve con continuidad en el tramo inferior de C hasta el punto crítico b. Aquí, si u sigue decreciendo, $x (u)$ «salta» de nuevo al tramo superior de C en a_1, donde podrá reiniciar

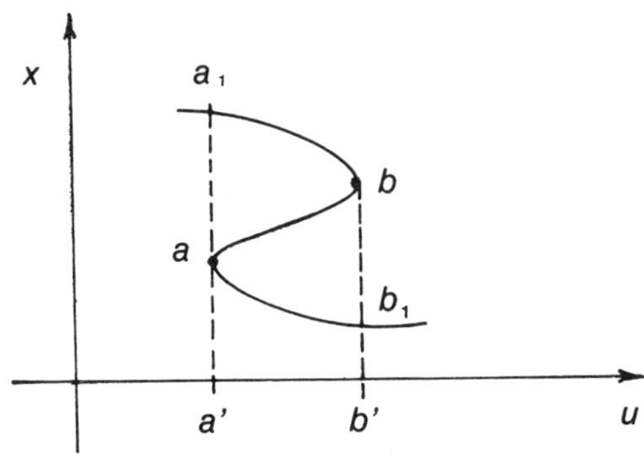

Fig. 4 La característica del sistema es una curva en S.

el proceso precedente (es lo que en física se denomina proceso de histéresis).

Estos «saltos» de un tramo a otro de C (para $u = a'$ o para $u = b'$) son las típicas catástrofes en el sentido en que yo he utilizado el término, pero, al contrario de lo que cabe esperar en la acepción intuitiva, no comportan la destrucción del sistema.

En cualquiera de los dos casos, como ya he dicho, se da una hipótesis «elemental» acerca de la aplicación considerada: a cualquier entrada u le corresponde un conjunto I_u *finito* de salidas. En el caso en que, una vez elegida la entrada u, se tiene una única salida $x\ (u)$ es decir que x quede unívocamente determinado por u, nos encontramos, como caso aún más especial, con la noción clásica de *función*[4]. Nuestras aplicaciones pueden considerarse como un «paquete» de funciones...

Y así nos volvemos a encontrar con una de las más familiares nociones matemáticas...

...y también filosóficas. El mundo exterior, no lo olvidemos, se presenta ante nuestros ojos como una mezcla de determinismo e indeterminismo. En cualquier circunstancia hay que distinguir, para decirlo con el *Manual* de Epícteto[5], aquello que «depende de nosotros» *(ta eph hemin)* y lo que «no depende de nosotros» *(ta ouk eph hemin)*. Si esta distinción es importante desde el punto de vista de la ética, no lo es menos para la ciencia. Pues bien, el pensamiento matemático ha llevado hasta el extremo, por así decirlo, esta distinción: lo que depende de nosotros es la variable, el argumento de la función... Lo que no depende de nosotros es el determinismo rígido que, una vez asignado de una vez por todas un determinado valor a la variable, determina el correspondiente valor de la función...

Se trata de una idea que ha sido muy importante en el desarrollo de la tradición científica. De hecho, creo que en el origen de la revolución galileana se dio simplemente el hecho de que el espíritu científico estaba en condiciones de producir modelos, precisamente con ayuda de la idea de función, de un cierto número de fenómenos que hasta ese momento no se habían podido «modelizar» de una forma suficientemente fiel. Desde este punto de vista, según mi opinión, se han dado dos factores que han actuado conjuntamente: por una parte, una serie de necesidades prácticas— y pienso en especial en la artillería— que llevaban a estudiar la trayectoria de las balas de cañón, de los proyectiles y, en consecuencia, el movimiento de los cuerpos pesados; por otra parte, la idea de función que empezaba a germinar en el ánimo de los investigadores y que les permitió describir con exactitud y fidelidad precisamente la trayectoria de un cuerpo pesado. Creo que la formación de esta idea de función —y quiero decir imagen, ya que *función* es aquí más imagen que concepto— fue lo que dio origen a la gran revolución científica galileana.

Gracias a la idea de función —aún vaga— se hace posible establecer modelos de la caída de los cuerpos y de la refracción de los rayos luminosos. Una vez establecidas las leyes, se pueden construir los instrumentos que aprovechan esas leyes. Galileo construyó así su «lente» y, un tiempo después, el primer microscopio... Una vez en posesión de los instrumentos, empezó obviamente, a utilizarlos. Galileo observó los astros, Malpighi los tejidos de los seres vivos. Así nació la ciencia experimental. Pero el énfasis en la experiencia no ha sido la causa del progreso científico, sino el efecto. Efecto de la maduración, en el espíritu de la comunidad científica, de esa estructura teórica que es la idea de función.

La idea de función ha aparecido muy tarde en la escena científica, por lo menos en forma completa. Se trata de una noción prácticamente desconocida para la matemática antigua y que hizo tímida aparición sólo con el álgebra árabe, la cual, manipulando las ecuaciones lineales, introdujo en cierta medida la idea de función lineal. Cuando los algebristas italianos, en el año mil quinientos, empezaron a estudiar los polinomios y las ecuaciones algebraicas de grado superior, se sintió efectivamente la exigencia de elaborar una teoría de estas funciones particulares. El propio Newton, al describir los movimientos de los cuerpos, no conocía la función, a no ser en casos particulares, en que la variable era el tiempo. Esta aparece sólo con Leibniz: al propio Leibniz se deben también, de hecho, las definiciones generales de las nociones de variable, de argumento de una función y también de parámetro[6].

Esto muestra con claridad que se ha cometido un error al infravalorar el papel de la imaginación en el desarrollo de las ciencias. Yo, por el contrario, mantengo que todos los progresos de la ciencia, por lo menos los decisivos, van siempre ligados a mejores posibilidades de creación de modelos, a una mayor capacidad de simulación interna de los fenómenos.

Así que, una vez más, estamos con Platón: las ideas (las estructuras matemáticas) son antes que las cosas...

Cierto, y en este sentido sirve todo lo que se ha dicho antes respecto a la física: las estructuras matemáticas, en general, han precedido a su utilización en física, y no al revés. Del mismo modo, creo que también en biología serán las estructuras matemáticas las que ordenarán los fenómenos más importantes. Los fenómenos de regulación, por ejemplo, exigen un gran número de parámetros y, por consiguiente, cualquier descripción un poco sutil de estos fenómenos exigirá la utilización de espacios multidimensionales. Creer que se pueda producir una teoría de la regulación manipulando simplemente diagramas cibernéticos con vértices y flechas resulta en mi opinión ilusorio. La importancia de la regulación consistirá siempre en que es un fenómeno de carácter fundamentalmente continuo y, así, exigirá relacionar con estas situaciones figuras multidimensionales. La teoría de las catástrofes puede ser muy útil en este caso, precisamente porque trata de interpretar las nubes de puntos que se dan experimentalmente, mediante construcciones matemáticas que sean a la vez las más simples y las más consistentes, es decir que satisfagan la propiedad de estabilidad estructural y resistan a las pequeñas perturbaciones debidas al ambiente y a los errores experimentales.

Toda la «filosofía» de la teoría de las catástrofes, su esquema general, es precisamente éste: *se trata de una teoría hermenéutica que, ante cualquier dato experimental, se esfuerza por elaborar el objeto matemático más simple que pueda generarlo.* Desde este punto de vista, resulta claro que la teoría de las catástrofes no coincide, como se tiende a pensar, con el elenco de las siete catástrofes elementales; quien piensa así, reduce, de hecho, toda la teoría de las catástrofes a lo que yo llamo la teoría de las catástrofes elementales.

Con todo, dada la resonancia del debate suscitado por Stabilité structurelle et morphogenèse, *será oportuno esbozar las ideas de fondo de la teoría de las catástrofes* elementales.

Para dar una idea de lo que es la teoría de las catástrofes elementales, utilizaré antes que nada una metáfora: supongamos que los mecanismos del interior de la «caja negra» estén regidos por una especie de voluntad interna que se describe con un potencial. En los casos más simples podemos considerar una función F de un subconjunto X del espacio R^n que contiene un entorno del origen en el conjunto R de los reales; el potencial F dependerá de r parámetros, es decir de r «variables de control», es decir de una entrada u que corresponde a un entorno U con origen en R^r. Pues bien, imaginemos que dentro de la caja negra hay una especie de «demonio» que trata de maximizar su «ganancia», representada por $-F$, es decir que trata de minimizar el potencial F. Si sobre esta «ganancia» se establecen hipótesis de estabilidad estructural, hipótesis de resistencia, en cierto sentido, entonces nos vemos llevados a clasificar los accidentes que se presentaban mediante las nubes de puntos y a dar una descripción algebraica. Este es, el tema de la llamada *teoría de las catástrofes elementales,* que matemáticamente se reduce a la teoría de las singularidades de las funciones numéricas[7].

¿Cuáles son, entonces, las características de los modelos obtenidos mediante la teoría de las catástrofes elementales?

Tales características, desde un punto de vista matemático, dependen substancialmente del potencial F. F es un germen de $R^n \times R^r$ *en R* que es $C\infty$ en el origen O y que constituye el despliegue de un germen η de funciones de R^n en R, $C\infty$ en el origen O. Lo que quiere decir que F depende de las «variables de comportamiento» $x_1, ..., x_n$ y de los parámetros o «variables de control» $u_1, ..., u_r$, por decirlo con Zeeman, y además vale $F(x_1, ..., x_n, O, ..., O) = \eta(x_1, ..., x_n)$. En resumen, un despliegue no es más que una familia de funciones reales de las «variables de comportamiento» que depende de r parámetros («variables de control»).

Pongamos un ejemplo.

Tomemos, para $n = 1$, la función (el germen) $\eta(x) = x^3$: un despliegue es, por ejemplo, $F(x, u) = x^3 + u\,x$ donde $r = 1$.

O bien tomemos $\eta(x) = x^4$: un despliegue es, por ejemplo, $F(x, u, v) = x^4 + ux^2 + vx$, donde $r = 2$.

Se trata, en todo caso, de privilegiar, en el modelo, despliegues «estables», es decir, dicho intuitivamente, que resistan pequeñas perturbaciones...

Consideremos, en el origen O, la función $\eta(x) = x^3$ y perturbémosla añadiendo un término εx. Si tomamos ε positivo no encontramos punto crítico alguno, y si tomamos ε negativo tenemos dos, un máximo y un mínimo relativos (véase fig. 5). Análogamente $\eta(x) = x^4$ perturbado con εx^2 da un mínimo para $\varepsilon > 0$ y un máximo (relativo) y dos mínimos (relativos) para $\varepsilon < 0$ (véase fig. 6). Cuanto más subimos el exponente k, más complicado resulta el comportamiento de x^k: de este modo, si perturbamos x^5 podemos obtener cuatro puntos críticos (véase fig. 7), etc. Así pues, no todos los despliegues funcionan bien: y, por otra parte, en el caso $n = 1$, por ejemplo, no conseguiremos mucho según este perfil, pasando de x^4 al despliegue $x^4 + ux^2$, ya que esto es todavía inestable, etc.

Pero, una vez formulada convenientemente la noción de estabilidad respecto a un despliegue, individualicemos, para valores bajos de la dimensión r del «espacio de control», un elenco finito, suficientemente manejable, de potenciales stándard que

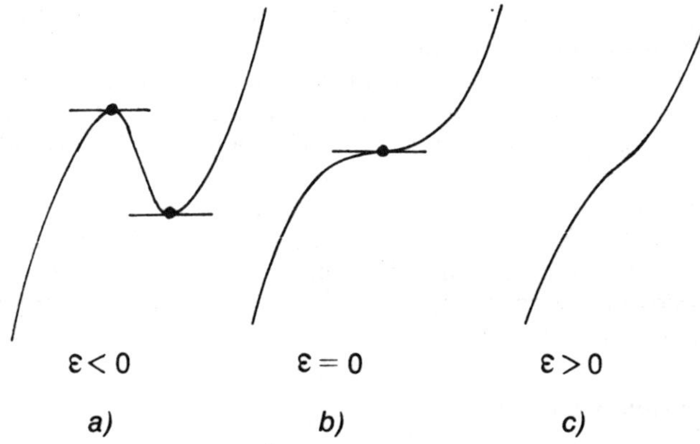

Fig. 5 Perturbaciones de x^3 con εx. *a)* Para ε negativo tenemos un máximo y un mínimo; *b)* para ε nulo tenemos un punto de inflexión, como es sabido; *c)* para ε positivo no tenemos ni máximo, ni mínimo, ni punto de inflexión.

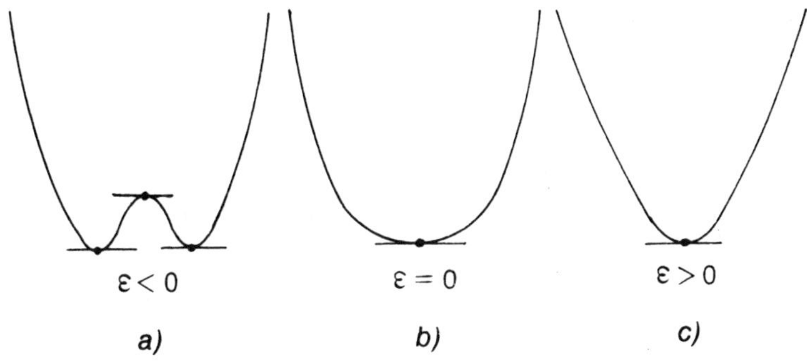

Fig. 6 Perturbaciones de x^4 con $\varepsilon\, x^2$. *a)* Para ε negativo tenemos dos mínimos y un máximo; *b)* para ε nulo encontramos un mínimo; *c)* para ε positivo tenemos un mínimo.

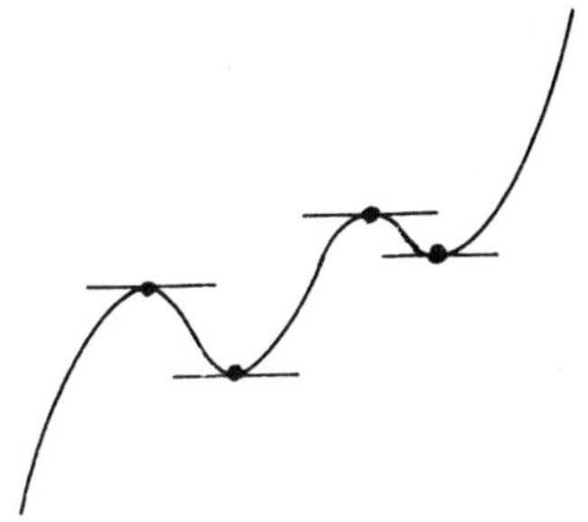

Fig. 7 Perturbaciones de x^5.

hagan «equivalentes» (como es obvio, definiendo la equivalencia de una forma natural) todos los despliegues estables. Volviendo al ejemplo, en el caso de x^3, su despliegue universal (o potencial standard) es $x^3 + u\,x$; en el caso de x^4, es $x^4 + u\,x^2 + v\,x$; en el caso de x^5, es $x^5 + u\,x^3 + v\,x^2 + w\,x$, etc.

Pero usted atribuye a la noción de despliegue universal un cierto cariz filosófico...

¡Por supuesto! Esta idea rehabilita y puntualiza en cierto modo el par aristotélico potencia/acto. Cualquier situación inestable es una fuente de indeterminación; pero nosotros queremos establecer en forma de parámetros todas las posibles «actualizaciones» de las virtualidades contenidas en una situación inestable, que representamos matemáticamente con una singularidad η, de forma que cualquier actuación corresponda a un particular camino que parte del origen O en el espacio R^n de los parámetros de control...

Vayamos otra vez a un ejemplo.

Consideremos, en $n = 1$, el potencial $F(x, u, v) = x^4 + ux^2 + vx$, en donde $r = 2$. Si lo entendemos como función de la única variable de comportamiento x para encontrar los puntos críticos, se establece $dF/dx = O$, es decir que se considera en primer lugar la derivada y se la iguala a cero: $4\,x^3 + 2\,ux + v = O$, o, lo que es lo mismo, $x^3 + ax + b = O$, donde $a = u/2$ y $b = v/4$.

Aquí volvemos a encontrar manipulaciones algebraicas que nos resultan familiares desde la gran álgebra italiana del cinquecento. $x^3 + ax + b = O$ es una ecuación de tercer grado: tiene como mínimo un radical real y como máximo tres. La naturaleza de los radicales depende precisamente de los parámetros a y b, que aparecen en el factor discriminante de la ecuación cúbica $D = 4\,a^3 + 27\,b^2$. Como se ve, para $D < O$ hay tres radicales reales diferentes; para $D > O$ hay un solo radical real (y dos complejos conjugados); para $D = O$ vuelve a haber tres radicales reales, pero algunos coinciden; para $D = O$ y $a \neq O$ o $b \neq O$ dos de los radicales reales son iguales; para $D = O$ y $a = b = O$ los tres radicales son iguales.

Geométricamente, la situación se interpreta con facilidad en el «plano de control» *(a, b)* (véase fig. 8.) Dada la curva (parábola semicúbica) B de ecuación $4a^3 + 27b^2 = O$ es oportuno considerar el plano *(a, b)* dividido en cinco partes: el origen O, las dos ramas de la curva B_1 y B_2, la región «interna» I de la curva y la región «externa» E de la curva. Si el punto *(a, b)* está en E, hay una única raíz real C que corresponde a un mínimo de F; por lo tanto, en nuestra «caja negra» hay un solo régimen posible. En I los radicales reales son tres, c_1, c_2, c_3, y corresponden a dos mínimos —digamos c_1 y c_2— y a un máximo c_3. En la hipótesis planteada, el demonio tiene ante sí dos regiones que corresponden a los mínimos estables para c_1 y c_2. Es decir que en el interior de la parábola semicúbica B *hay dos regímenes estables en conflicto*. Finalmente, en B_1 y B_2 (y no en el origen O) encontramos un mínimo y un punto de inflexión, y sólo un mínimo $c_1 = c_2 = c_3$ en el origen O (véase fig. 9).

¿Y cómo el demonio, siguiendo con la metáfora, escoge, en el interior de la «caja negra» entre dos regímenes estables?

En la perspectiva de la teoría de las catástrofes elementales, los mínimos del potencial F («pozos de potencial»), es decir los máximos de ganancia $- F$ del «demonio» definen los regímenes locales estables. Pero, como ya habíamos visto en el caso precedente en la zona I, hay en general más de un mínimo y, evidentemente, sólo uno puede predominar en un punto *regular*.

¿Cómo escoger? Una solución consiste en adoptar una con-

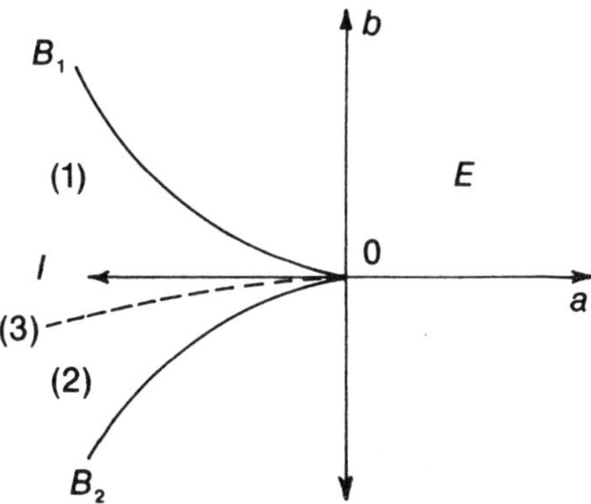

Fig. 8 La parábola semicúbica de ecuación $4a^3 + 27b^2 = $ O en el plano de control (a,b). En la región I la línea punteada (3) que sale del origen O ($a = b = $ O) indica los puntos de catástrofe, este es el estrato de conflicto entre las dos regiones (1) y (2) (adoptando la convención de Maxwell).

vención, llamada convención de Maxwell, que es bastante arbitraria pero que por lo menos tiene el mérito de la simplicidad. En el caso precedente, por ejemplo, en I hay dos valores de la variable de comportamiento x, digamos c_1 y c_2 para el mismo punto (a, b) del plano de control. Este conflicto entre los «atractores» c_1 y c_2 se resuelve conviniendo en que prevalezca el «atractor» de potencial mínimo, digamos c_1, si $F(c_1) < F(c_2)$.

Esta convención resulta, por otra parte, coherente con nuestra vieja idea heurística de que el «demonio» intenta maximizar su «ganancia» $- F$.

Maxwell había utilizado una regla similar para eliminar la indeterminación en v (volumen) de la ecuación de estado de van der Waals, $F(p, v) = O$ en el intervalo de p (presión) en el que hay tres raíces reales en v, lo que describe una mezcla de fases gaseosas y líquidas. Obviamente, la validez de la «convención de Maxwell» según una perspectiva cuantitativa no nos

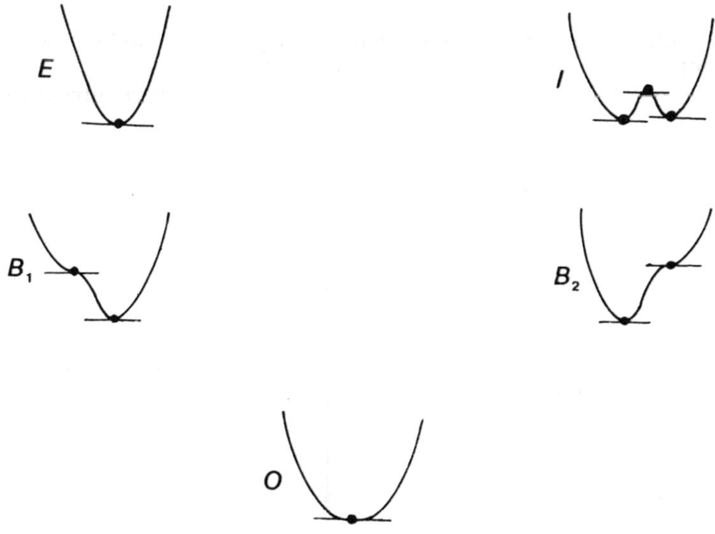

Fig. 9 Las diversas formas del potencial $F(x) = x^4 + ux^2 + vx$ en relación con las cinco regiones en que se ha descompuesto el plano de control (a, b) (en el supuesto que $a = u/2$ y $b = v/4$).

78

interesa; lo que en su lugar nos interesa, aunque con ciertas limitaciones, es el tipo de descripción de la estructura topológica de los puntos catastróficos K en el entorno de una singularidad del potencial F que admita tal convención[8].

De la convención de Maxwell se deriva que un punto K del espacio de control R^r puede ser catastrófico sólo en dos casos: o se alcanza el mínimo absoluto del potencial F $(x_1, ..., x_n, u_1, ..., u_n)$ en dos puntos distintos $c = (c_1, ..., c_n)$ y $c' = (c_1, ..., c'_n)$, es decir dos puntos *de conflicto;* o bien el mínimo absoluto del potencial, llegado a un único punto $c = (c_1, ..., c_n)$ deja de ser estable (*punto de bifurcación*).

Apliquemos ahora la convención de Maxwell al interior I de la parábola semicúbica que hemos puesto como ejemplo. No es posible escoger un régimen continuo en el interior de tal parábola. El estrato de conflicto, es decir el conjunto de la función F para el que $F(c_1) = F(c_2)$, se da por una elección de los parámetros a, b que describe en el plano de control (a, b) una curva (esbozada en la figura 8) que parte del origen O. En el origen, es decir para $a = b = $ O, corresponde un mínimo del potencial no estable; el origen es, pues, un punto de bifurcación en el plano de control (a, b). En resumen ¡*la bifurcación genera la catástrofe*!

O sea que, para decirlo con Heráclito, «hay que saber que el conflicto es universal, que la justicia es una lucha y que todas las cosas se generan en la lucha y según una necesidad».

Exacto. Repetiré una de mis frases favoritas: una morfología se produce en el conflicto de dos (o más) atractores.

Volviendo a Sussmann y Zahler (y a otros críticos): gran parte de sus objeciones se relacionan con la naturaleza restrictiva de las condiciones para las que resulta válido el «teorema de Thom»[9]. Pero la teoría de las catástrofes elementales, como ya se ha dicho, no agota la teoría de las catástrofes...

¡No es verdad! Por otra parte, aún permaneciendo en el contexto de la teoría de las catástrofes elementales, se puede decir que el establecimiento de modelos se ha limitado hasta ahora a la utilización de la cúspide, mientras las singularidades de orden superior —como la «cola de golondrina», la «mariposa» y los «ombligos»— no se han utilizado nunca[10]. Por lo que a mí respecta, he propuesto, por medio de «ombligos», algunas interpretaciones, de la refracción de las ondas, por ejemplo, pero estas interpretaciones no las han aceptado los especialistas, porque no han conseguido justificarlas a partir de ecuaciones, como las de Navier-Stokes[10bis]. El problema permanece, pues, abierto. Yo creo que muy probablemente, en tal caso, la teoría no puede conducir a un modelo *via* catástrofes elementales *stricto sensu*, sino más bien a un modelo «mixto», en el que se dará una dinámica en los filamentos y una dinámica en la base. El problema consiste precisamente en conseguir expresar una síntesis entre estas dos dinámicas. Pero esto no es más que una declaración de propósitos.

Las críticas de Sussmann y Zahler se dirigen a la naturaleza restrictiva de las condiciones que determinan una «dinámica de gradiente» en las que resulta válido el teorema de las siete catástrofes elementales. ¿Fallan el blanco?

No hay que pensar que la teoría de las catástrofes se relacione tan sólo con la utilización de la teoría de las singularidades de las funciones; en lugar de eso, creo que habría que utilizar todos los recursos de la teoría de la bifurcación[11]. Dado un campo continuo de dinámicas que se bifurcan en ciertos lugares del espacio de las entradas, del espacio de control, como lo llama Zeeman, el problema consiste en aclarar la naturaleza de las bifurcaciones *genéricas*, de las bifurcaciones *estructuralmente estables*. Se ha objetado que la teoría de las bifurcaciones no conduce, en general, a un despliegue de dimensión finita, contrariamente a lo que ocurre con las singularidades de funciones, que por lo general llevan a despliegues de dimensión finita. ¡Esta es una auténtica dificultad! Pero la objeción, que es matemáticamente válida, no es igualmente válida desde el punto de vista, por así decirlo, de la fenomenología: ésta demuestra que la noción de estabilidad estructural es una noción demasiado sutil para la mayor parte de las situaciones concretas. Dos sistemas diferenciales pueden ser topológicamente bastante diferentes y conducir, a pesar de ello, a aspectos fenomenológicos muy próximos. El problema entonces consiste en expresar «termodinámicamente» esta equivalencia fenomenológica de dos sistemas diferenciales. Se entra aquí en un campo que desgraciadamente es poco conocido: *el problema de la estructura genérica de los atractores*. Se da un sistema diferencial en una variedad compacta: en general casi cualquier trayectoria va hacia un atractor, y el problema es describir lo que un atractor resiste frente a una pequeña perturbación de los datos. En general, el tipo topológico del atractor no es estable —excepto en casos muy simples—, pero es posible que exista una cierta termodinámica del atractor que permanece estable. Por ejemplo, me parece verosímil que pueda existir una medida invariable del atractor que pueda eventualmente extenderse al espacio del atractor. Una teoría de la bifurcación basada en la consideración de estos atractores estructuralmente estables con la propiedad termodinámica, podría quizá llevar a algo bastante similar a la teoría de las catástrofes elementales y habría entonces que tener en cuenta el carácter particular de estas bifurcaciones. Permanece abierto el problema de saber si estas bifurcaciones conducen a configuraciones verdaderamente distintas de las de la teoría de las catástrofes elementales, o si llevan a configuraciones del mismo tipo.

¿Puede dar un ejemplo?

El ejemplo de las transiciones de fase es un ejemplo bastante típico. Se sabe que la transición líquido-gas se rige por el modelo de las catástrofes elementales. El modelo de las catástrofeds elementales coincide en este caso con el modelo de van der Waals[12], llamado por los físicos modelo del campo medio de Landau. Se sabe que este modelo no funciona desde el punto de vista de la descripción local de los fenómenos críticos, pero si se consideran las cosas desde un punto de vista cualitativo, es decir, desde el punto de vista de la configuración de lo que ocurre en un espacio, el modelo funciona muy bien. La situación resulta un tanto paradójica: una teoría que en principio se reconoce como inexacta conduce, sin embargo, a una descripción cualitativa correcta. Es ésta una situación que los físicos no son capaces de explicar con los modelos rigurosos de la mecánica estadística y la renormalización. Así pues, el problema sigue abierto y está muy lejos de haber sido explicitado por completo. Esto pone de manifiesto en todo caso que, cuando se hayan reducido a las medias las situaciones topológicamente demasiado complicadas, se llegará a bifurcaciones cuyo carácter en el espacio de control resultará relativamente simple. Desde este punto de vista, precisamente, sigo creyendo que el esquema general de la teoría de las catástrofes elementales conserva una validez que va más allá de la teoría «estricta» de las singularidades de las funciones.

Pero ¿ha sido verdaderamente considerado por sus críticos este aspecto del esquema general?

No; ni por los críticos ni por los seguidores del punto de vista catastrofista. En este sentido, la teoría de las catástrofes no se ha comprendido aún. Se han limitado a utilizar de una forma sistemática las fuerzas canónicas de las singularidades de las funciones y basta. La evolución más reciente de la teoría de las catástrofes (elementales) se ha producido bajo el signo de una especie de degradación utilitarista, que ha consistido en la imposición de un cierto número de formas típicas sobre los fenómenos para dar cuenta de ellos. Por supuesto que no tengo nada contra la imposición de estructuras *a priori* a los fenómenos, como he admitido hace un momento, pero me opongo a que se reduzca la teoría de las catástrofes a la burda utilización de un cierto número de «recetas».

Cuando habla de degeneración de la teoría de las catástrofes, ¿se refiere a la escuela de Zeeman?

Al contrario, yo diría que Zeeman ha aportado mucho a la teoría de las catástrofes; en su formulación de la teoría se ha servido de variables de control que no aparecían en mi libro. Yo no he considerado nunca de un modo sistemático la utilización de la teoría de las catástrofes según una óptica de la teoría general de los sistemas. Siempre me he limitado al caso en que las variables de control eran las coordenadas espacio-temporales: en el fondo, he sido víctima de un prejuicio análogo al de Newton, que creía que todas las funciones tenían el tiempo como variable independiente. Del mismo modo, yo creía que las catástrofes debían de tener el espacio-tiempo como variables de control. Indudablemente, el punto de vista de Zeeman, de la teoría de los sistemas, resulta preferible, y en este punto he de reconocer sus grandes méritos al haber vehiculado una considerable ampliación del campo conceptual de la teoría.

Una limitación de Zeeman es que se preocupa enseguida por los resultados, es decir que pretende que la *teoría de las catástrofes*(¡la acuñación es suya!) esté inmediatamente en disposición de producir modelos eficaces, previsiones y acciones efectivas. Como muestra la discusión que tuve con él, incluida en su libro. *Catastrophe theory*[13], yo no estoy de acuerdo en eso.

¿Por qué?

Haciendo eso, Zeeman ha creado modelos que tenían una precisión ilusoria, fácil presa para la crítica. Pero no hay que ser demasiado drástico: a propósito de los modelos de Zeeman para la etología y las ciencias humanas, como el modelo de la agresividad del perro o el modelo del conflicto entre estados[14], en los que se ha concentrado el fuego de las críticas de Sussmann y Zahler, yo sería bastante más prudente que ellos.

Pero si la precisión es «ilusoria» y la cuantificación «espuria», ¿cuál puede ser el valor de unos modelos como esos?

Según mi opinión, estos modelos tienen un valor real en cuanto son vehículos de la *imaginerie,* de la imaginación científica. Porque la imaginación, como ya hemos visto, tiene un papel en la empresa científica. Es un lugar común decir que no hay que recurrir a ella en la teorización: yo sostengo la opinión contraria. Aportar una imagen es un bien y no un mal. Así, por ejemplo, el modelo elaborado por Zeeman de la agresividad del perro es un buen modelo (véase fig. 10) desde este punto de vista.
Muestra una situación paradigmática, cuya analogía encontramos en otras situaciones muy diversas. Es, pues, interesante en la medida en que deviene representativo de todo un tipo de situaciones análogas.

Zeeman parece pretender algo más con este modelo.

Si se utiliza una óptica skinneriana en la que se pretende controlar el modelo con experiencias concretas y cuantitativas, se plantearán notables dificultades. Como se hace notorio, en este modelo es necesario un plano de control en el que miedo y rabia son llevados a dos ejes de coordenadas; pero para un

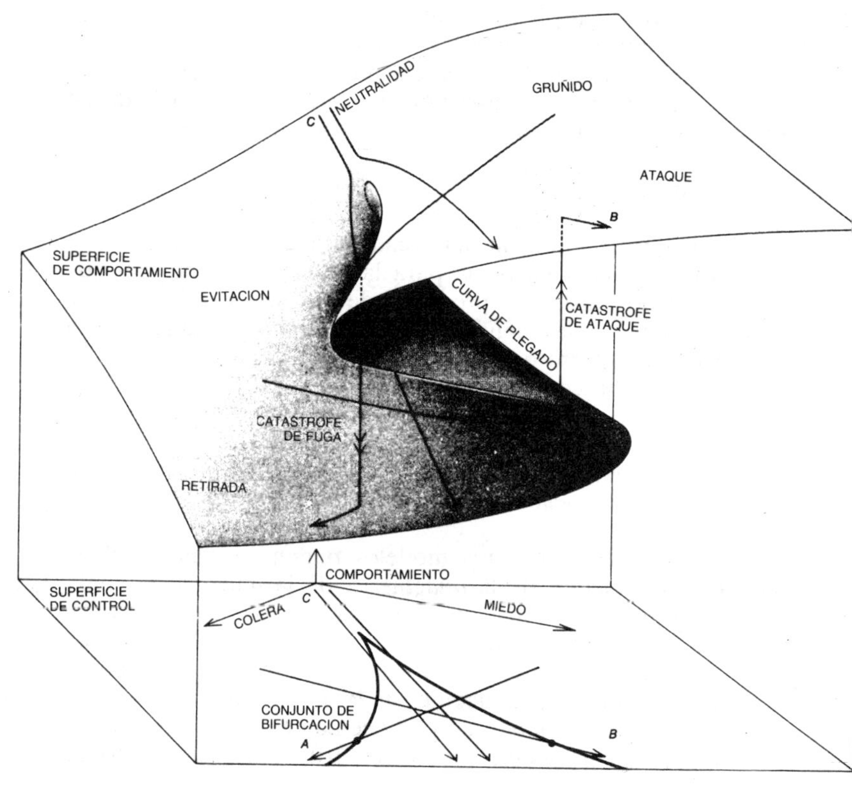

Fig. 10 El modelo, ideado por Zeeman, de la agresividad del perro. Se supone que el comportamiento agresivo viene determinado por dos factores en conflicto entre sí, cólera y miedo. *a)* En el plano de control representamos estos factores, mientras que el comportamiento del perro, que va del ataque a la retirada, lo representamos en el eje vertical. Para cada combinación de cólera y miedo existe por lo menos una forma probable de comportamiento: se tiene, pues, una superficie de comportamiento. En la mayoría de los casos existe una sola forma de comportamiento; pero en una cierta zona se presentan dos formas posibles. En el plano de control la cúspide señala el umbral en el que el comportamiento empieza a ser biforme. Si el perro encolerizado está asustado, su humor seguirá la trayectoria A de la superficie de control. El correspondiente recorrido en la superficie de comportamiento se va hacia la izquierda del plano superior de la superficie de comportamiento hasta encontrar la curva de plegamiento; aquí el plano superior se acaba y el recorrido cae de golpe al plano

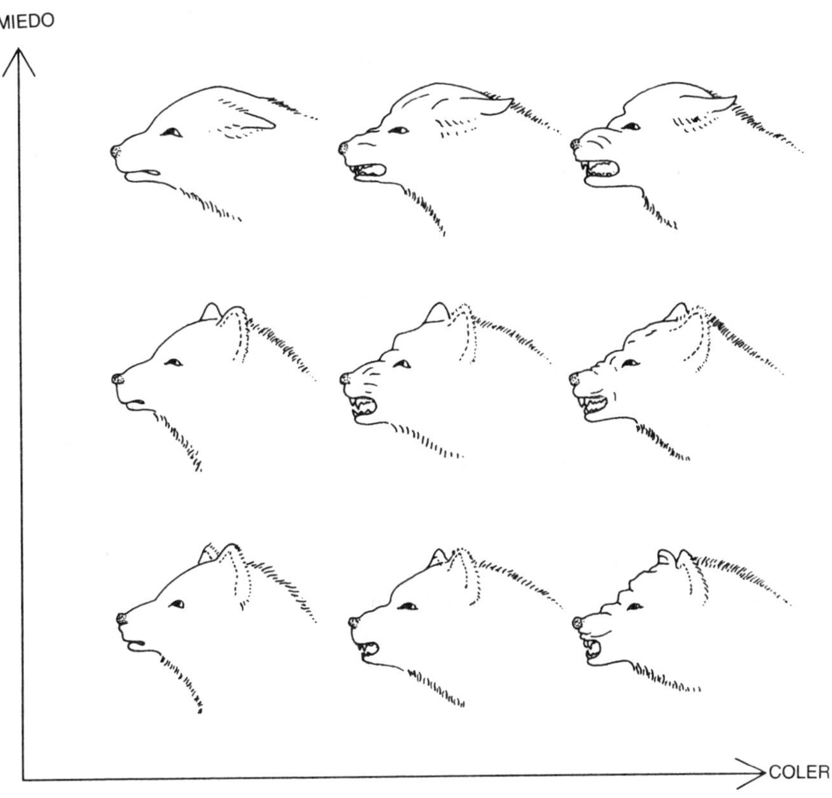

interior. Es aquí cuando el perro interrumpe su ataque y se retira de improviso. Análogamente, un perro asustado que se encoleriza sigue la trayectoria B. El perro permanece en el plano inferior hasta que dicho plano se acaba y entonces, en cuanto salta al plano superior, cesa de retirarse y ataca de forma imprevista. En resumen, un perro que simultáneamente está asustado y encolerizado debe seguir una de las dos trayectorias C. *b)* El hecho de que el perro, si se halla en el plano superior, devenga más agresivo o bien que, si se halla en el plano inferior (de la superficie de comportamiento) devenga más sometido depende de forma crítica de los «valores» de la cólera y del miedo. Según Zeeman, que retoma una idea de Lorenz, la cólera y el miedo pueden revelarse por la expresión del animal: la cólera por el grado de apertura de la boca, el miedo por el grado de acercamiento de las orejas a la a la nuca [*Le Scienze*, n. 96, agosto 1976, págs. 17-18].

control experimental hace falta una interpretación cuantitativa de estos dos parámetros, de estas dos variables de control —miedo y rabia—, es decir una interpretación independiente del temperamento individual del perro en cuestión. Esta es, claro, una dificultad importante para la experimentación: llevando a un perro a un estado de miedo o de furor, tenemos que utilizar protocolos experimentales muy definidos, que no pueden ser otra cosa que discretos. Después hay que tener la capacidad de ordenar estos protocolos discretos, cualificarlos en cierto modo. ¿Y no se trata ya de algo que va más allá del alcance del procedimiento experimental acostumbrado? Además, ni siquiera estamos seguros de que todos los puntos del plano (de control) puedan reunirse mediante un procedimiento experimental.

De hecho, es posible que ciertos puntos del plano de control (u, v) no se puedan reunir mediante procedimientos de este tipo. Quizá el estado de miedo, por ejemplo, sea algo fundamentalmente discreto en cuanto al propio animal. Así, al hacer un gesto de amenaza a un perro, si el gesto es poco amenazador el animal no nos hará ningún caso, y sólo a partir del momento en que le atribuya una interpretación amenazadora podrá entrar en un estado de miedo y de rabia. Esto es una especie de limitación que hace, en cierta forma, que no se pueda alcanzar cualquier punto del plano. Aquí encuentro, en cierto sentido, los motivos de las críticas de Sussmann y Zahler[15], según las cuales disponer los estados de miedo y de furor en un plano (u, v) de control lleva a una cuantificación espúria.

Pero usted no acepta las consecuencias extremas que Sussmann y Zahler han derivado de este punto...

Creo que es algo perfectamente legítimo representar en un plano los estados de furor y miedo, mientras se tenga muy en cuenta que el procedimiento experimental quizá no tenga la capacidad de asumir todos los puntos del plano, es decir mientras se esté de acuerdo en que se plantean dificultadeds técnicas que es bastante difícil superar. Pero la cuestión de fondo es: ¿hay que convertir estas dificultades técnicas en dificultades de principio, como lo han hecho Sussmann y Zahler, negando en bloque toda validez a este tipo de modelo? A mí me parece que aquí se han equivocado. Es un hecho absolutamente generalizado, en la organización de los seres vivos, que a pesar de que el parámetro que se considera es continuo, el individuo actúa tan sólo mediante operaciones discretas en el interior de este parámetro continuo.

¿Por ejemplo...?

Consideremos el acto de andar. Es un proceso de tipo periódico, cuya célula base es el paso; incluso aunque el parámetro de nuestra experiencia, la longitud del recorrido, sea continuo, un paso tiene como norma una amplitud definida y, en particular, no se puede dar pasos infinitamente pequeños...

Por otra parte, se trata de una situación absolutamente generalizada: incluso si los parámetros son continuos, los seres vivos se ven obligados por su propia organización biológica a proceder mediante campos discretos, una especie de «creodos» (recorridos obligados), por decirlo como Waddington[16], que llevan a una construcción en cierto modo discreta de este campo continuo, construcción que puede dejar ciertas zonas inaccesibles. Es difícil rehuir este tipo de dificultad y ésta es la razón por la cual el modelo de Zeeman de la agresividad del perro seguirá siendo de difícil control utilizando los métodos experimentales tradicionales. Pero esto no le quita valor como analogía de muchas situaciones.

Ahora somos más capaces de definir mejor la naturaleza hermenéutica de la teoría de las catástrofes...

De hecho, el interés esencial de la teoría de las catástrofes es precisamente este intento hermenéutico de explicar las nubes de puntos con las entidades matemáticas más simples posibles... Y aquí se abre un enorme campo para la indagación.

El propio término «nube de puntos» exige de forma inmediata consideraciones estadísticas...

La aproximación estadística tradicional ha descuidado por completo, según mi opinión, tal punto de vista. Pero estoy convencido de que en el futuro éste se manifestará extraordinariamente útil.

¿Incluso en las ciencias humanas?

Incluso en las ciencias humanas la estadística es notablemente importante. Pero los espacios con que en ellas se trata son espacios muy artificiales: las coordenadas tienen significaciones muy distintas.

Las variables de control tienen, de hecho, una naturaleza ontológica radicalmente diferente; en consecuencia, los espacios en que se extienden las nubes de puntos (cualquier estadística, como hemos dicho, lleva evidentemente a una nube de puntos) no tienen grupos de equivalencia que actúen en forma transitiva en cualquier punto del modo en que lo hace el grupo euclídeo en el espacio ordinario.

He aquí, pues, una diferencia importante entre las ciencias humanas y las demás ciencias.

Sí, en las ciencias humanas tropezamos con una noción de forma más bien diferente, precisamente por este motivo. Ello hace extremadamente delicado el establecimiento de modelos *via* teoría de las catástrofes en estas disciplinas. También crco que la situación es distinta cuando las estadísticas se refieren a situacioncs naturales, como ocurre con frecuencia en geología y paleontología. Aquí los métodos interpretativos de la teoría de las catástrofes pueden ser útiles de una forma inmediata.

Antes hemos hablado de la ciencia como descripción de formas y después hemos discutido la cuestión de la explicación científica. Aquí aparece de nuevo...

Sí. Supongamos que partimos de una nube de puntos. Para explicarla, introduzcamos coordenadas suplementarias, unos *parámetros ocultos*.

En el espacio producido se crea un gran sistema dinámico de carácter ergódico[17], que, por proyección en el espacio de los fenómenos observables, generará la nube de puntos dada. Se trata de una técnica de carácter general, compendiada en la célebre frase del físico francés Perrin[18]: sustituir por lo visible complicado un invisible simple.

En el fondo, éste es precisamente el modo de proceder hermenéutico por excelencia. En el caso de Perrin se trataba de átomos, y por tanto de una explicación de tipo reduccionista, pero creo que su fórmula podría aplicarse también en otro sentido, es decir, en el sentido de la introducción de los parámetros ocultos, mediante los cuales se pueden proyectar en el espacio de los fenómenos observables entidades simples del espacio producido. Se trata evidentemente de un método tentativo diferente del reduccionista clásico; precisamente por esto es una actitud combatida por el pensamiento científico contemporáneo, pero equivocadamente.

¿Por qué?

Estoy convencido de que la aproximación reduccionista falla en un gran número de situaciones, en particular ante el fenómeno casi universal de una jerarquía de los niveles de organización, en un gran número de fenómenos morfológicos. La explicación de la existencia de niveles morfológicos apelará necesariamente a entidades matemáticas del mismo tipo de las que preconiza la teoría de las catastrofes, cosas tales como los espacios de potencial, etc., que no aparecen inmediatamente en la aproximación reduccionista y que, según el planteamiento reduccionista, se pueden considerar sólo después de haber recurrido a procedimientos extremadamente largos y complejos. Aunque no sea más que para dar un ejemplo, digamos que la teoría del estado sólido es bastante difícil de explicar en términos de interacción molecular...

Y sin embargo, como usted mismo reconoce, la actitud reduccionista parece aún hoy muy difundida en el ambiente científico... ¿Cómo ha hecho para sobrevivir a sus graves fracasos?

El problema es un poco de naturaleza psicológica, de «psicología de la investigación» en el sentido de Kuhn: se olvidan los fracasos y se tienen en cuenta sólo los éxitos...

Lakatos[19] ha dado un correlato de un comportamiento de este tipo al nivel de una «lógica del descubrimiento»...

Cualquiera que sea la que se acepte de estas dos aplicaciones, lo que sigue en pie es el hecho de que la aproximación reduccionista también ha tenido éxitos, incluso un gran número de éxitos. Pensemos, por ejemplo, en que se han aislado entidades como el electrón o el protón. Por decirlo de algún modo, son entidades inmutables con carácter permanente. Es cierto que cuando consigue ponerles la mano encima a elementos de este tipo la empresa científica gana mucho. Los peros empiezan cuando se pasa a la teoría de la organización molecular. La teoría de los núcleos atómicos ya es una teoría extremadamente fenomenológica, de la que es difícil dar una formulación rigurosa; si luego, sobre esta base, se construye una teoría general de las moléculas, de la organización molecular, se ve uno llevado a aproximaciones que corrigen notablemente las pretensiones de la aproximación reduccionista.

Pero la teoría de las catástrofes y la aproximación reduccionista ¿no tienen precisamente en común la idea de Perrin, de la que usted hablaba antes? ¿No se trata, en el fondo, de dos variantes del mismo «recorrido» intelectual, de la misma actitud filosófica?

Digamos que la substitución de lo visible complicado por un invisible simple es un objetivo muy natural. Creo que teoría de las catástrofes y reduccionismo son planteamientos opuestos: en la aproximación reduccionista se conserva siempre el mismo espacio, el espacio sustrato en el que tiene lugar la fenomenología que se quiere explicar al principio. Los átomos, por ejemplo, se consideran como corpúsculos que ocupan un pequeño lugar del espacio y que están provistos de unas ciertas propiedades de interacción; cuando haya un gran número de ellos, se podrá reconstruir la fenomenología global utilizando estas interacciones. Esencialmente, se trata de una aproximación combinatoria; se quiere llegar a una solución global en un «paquete» de situaciones locales, de elemetos inmutables, reduciendo la dinámica a una combinatoria que en principio tiene lugar en el mismo espacio que el inicial. Pero en realidad la situación es infinitamente más compleja; por ejemplo, incluso en la mecánica cuántica nos vemos obligados a recurrir a un espacio auxiliar, un espacio de Hilbert que es de dimensión infinita, el espacio de las funciones de onda.

El punto de vista de la teoría de las catástrofes es diferente. Pensemos en el mito platónico de la caverna[20]: como los hombres de la caverna, no vemos nada más que los reflejos de las cosas y para pasar del reflejo a la cosa misma hay que multiplicar la dimensión del espacio y proveerse de una fuente que en el caso de Platón es el fuego, el fuego que ilumina. *La teoría de las catástrofes supone precisamente que las cosas que vemos son sólo reflejos y que para llegar al ser mismo hay que multiplicar por un espacio auxiliar y definir en este espacio producido el ser más simple que por proyección da origen a la morfología observada.* Así pues, la metodología es muy diferente de la reduccionista.

Pero la metodología reduccionista, ¿no es en todo caso más eficaz?

En ciertos casos puede serlo. En biología, por ejemplo, existe una tentación de proporcionar modelos basados en la descomposición de un tejido en sus células, cada una de ellas provista de una estructura automática, de un automa, y de un programa interno. En casos muy simples —pienso por ejemplo en el modelo de Lindenmayer sobre el crecimiento de las algas— estos modelos han dado un resultado. Pero está claro que, en biología, tropiezan con el grave problema de la regulación. Cuando existe un embrión, se le pueden añadir o retirar unas células, por lo menos mientras la perturbación no sea demasiado importante, y el embrión se formará, será igualmente apto para vivir. Se le puede también dividir en dos y en la mayor parte de los casos, si el plano de la sección se ha elegido bien, se conseguirán dos animales. Los fenómenos de regulación reducen a mi entender en gran parte las posibilidades de establecer modelos discretos, basados en una «contabilidad» de las células, que son muy sensibles a las variaciones en el número de las células. Para dar cuenta de los fenómenos de regulación hay que recurrir a teorías continuistas: la desgracia es que los biólogos no están aún convencidos de eso...

¿Por qué?

Las metodologías reduccionistas funcionan hasta que los elementos tienen una individualidad bien definida, hasta que presentan caracteres de inmutabilidad muy manifiestos. Cuando son más «flexibles» y no tienen una individualidad muy clara, la descomposición del sistema en elementos no se manifiesta muy eficaz.

¿Puede dar algún ejemplo?

La neurofisiología constituye un ejemplo patente. Se han adquirido conocimientos muy importantes acerca de la anatomía del cerebro y sobre la fisiología misma de las neuronas, y sin embargo eso no ha sido de gran utilidad para comprender el funcionamiento del cerebro. Ni siquiera se ha conseguido comprender demasiado bien el origen, por así llamarlo, de las variaciones eléctricas en el encefalograma; aparece como una especie de fenómeno sobrepuesto, cuyo significado no se comprende bien. Por otra parte, la situación resulta típica: no es suficiente saber cómo está construido un sistema para saber cómo funciona, sobre todo cuando los elementos tienen una estructura interna más bien complicada.

¿Fracaso, pues?

Decir que la aproximación reduccionista es un fracaso me parece excesivo; yo creo que en muchas ocasiones resulta válida. Puede ser interesante descomponer un sistema en sus elementos, mientras estos últimos presenten propiedades de estabilidad e inmutabilidad bien definidas. En caso contrario, hay que recurrir, en mi opinión, a una teoría continuista.

Pero ¿existen en biología modelos continuistas?

Podría citar los modelos que yo mismo he planteado para la embriología, pero han tenido un éxito muy limitado entre los embriólogos... Se trata de una cuestión de paradigmas, como diría Kuhn. Las ideas que he avanzado tropezaron con los paradigmas tradicionales, y de esa manera se ha preferido no tenerlas en cuenta. Por otra parte, ideas como las mías, en cierto modo basadas en unas analogías entre procesos embriológicos y procesos lingüísticos, son declaradamente escandalosas para el buen sentido del científico positivista tradicional. Identificar la estructura triploblástica del embrión con la estructura ternaria de la frase transitiva *sujeto-verbo-objeto* puede parecer sólo una metáfora difícil de sostener. En todo caso es exactamente lo que propongo cuando identifico el ectodermo con el objeto, el mesodermo con el verbo y el endodermo con el sujeto, al menos respecto de los vertebrados, porque respecto de los insectos la situación es un poco diferente[21].

En cuanto a esto, usted ha sostenido que el interés esencial de la teoría de las catástrofes, en cuanto a la metodología, es la posibilidad de proveer un modelo de los procesos lingüísticos y semánticos. ¿Cree usted que en este campo la teoría de las catástrofes tiene posibilidades?

En mi opinión, es precisamente en esta dirección en la que la teoría de las catástrofes resulta más prometedora: mucho más que en el uso que se ha hecho de ella en mecánica o en óptica, por lo menos hasta ahora. La teoría de las catástrofes ofrece una metodología que permite, en cierta medida, enfrentarse a problemas de carácter filosófico con métodos de carácter geométrico y científico, que apelan a las técnicas de la topología diferencial y de la geometría diferencial.

Kurt Lewin, en los años treinta, había utilizado técnicas similares para la psicología [22].¿Cuál es su opinión al respecto?

He vuelto a leer recientemente, por sugerencia de un psicólogo americano, algunos trabajos de Kurt Lewin, y creo que muchos de sus intentos revelan una intuición psicológica extremadamente válida.

Lewin fundó una psicología topológica en la que había introducido también la noción de campo; el problema es que, en su tiempo, la topología aún no se había creado en realidad. Sin embargo, Lewin fue capaz de encontrar un cierto número de situaciones típicas cuya validez psicológica no deja dudas. A él le debemos, por ejemplo, la idea de *gate-keeper,* es decir, de la persona que controla el tráfico; se trata sin lugar a dudas de una noción muy importante en nuestra sociedad que tiene notoriamente, un origen topológico. Las personas que controlan los flujos se colocan generalmente en un punto angosto de una corriente y son capaces de producir notables modificaciones en el régimen de la corriente mediante una pequeña acción en ese punto. Hay, pues, una idea topológica sobreentendida en el poder de ciertos elementos de la organización social[23]...

Por este mismo procedimiento podríamos ahora intentar puntualizar cuáles son los problemas filosóficos a los que usted cree que se puede aplicar con éxito la teoría de las catástrofes...

Sí. Personalmente diría que lo que Lewin tenía en la cabeza era la noción que los psicoanalistas llamarían pulsión o tendencia. Kurt Lewin lo interpretaba en los términos de «poder de atracción», es decir de potencial atractivo en un espacio. Un modelo de este tipo, en mi opinión, puede comportar no pocas intuiciones en un cierto número de casos.

Pero sus motivaciones son distintas de las de Lewin...

Sin duda. Personalmente, lo que me interesa es, en esencial, el problema de la gramática universal y de la semántica; se trata de comprender cómo funciona el lenguaje, aislando ante todo los mecanismos comunes a todas las lenguas (lo cual es el objetivo de lo que se llama *gramática universal*). Una vez aislada la gramática universal, se podrá hacer el intento de pasar de la estructura profunda a la estructura de superficie, tratando de aislar los mecanismos linguísticos específicos presentes en la distintas lenguas que no aparezcan explícitamente en la gramática universal.

Pero éste es el aspecto más propiamente linguístico...

Sí, éste es el aspecto más propiamente linguístico; el que observa el aspecto filosófico advierte que el problema de una gramática universal va unido al problema de lo que una vez se llamó las grandes *categorías* del espíritu humano. Aristóteles, Kant... Recordemos que Aristóteles es el primero que dio una tabla de las categorías que después recogió y modificó Kant. Curiosamente, estos intentos de caracterizar las categorías fundamentales del espíritu humano han experimentado una cierta detención. ¡En el siglo XIX quizá haya sido tan sólo Peirce quien propuso un cuadro de categorías! En todo caso, no cabe duda de que una gramática universal sólo se puede elaborar si se relaciona con un cuadro de las categorías del espíritu.

¿Y qué es en el fondo un cuadro de las categorías? Es un cuadro de las grandes preguntas que es razonable plantear. En todo caso, Aristóteles lo planteaba exactamente así al hacer la lista de las preguntas: *¿quién?, ¿qué?, ¿dónde?,¿cuándo?, ¿por qué?*[24]. La legitimación de este punto de vista es evidente: ¿por qué se plantean las preguntas? para conseguir una información de la que tenemos necesidad. ¿Y por qué tenemos necesidad de tal información? Porque la necesitamos para llevar a cabo una cierta acción reguladora: algo que se nos plantea para la salvaguarda de nuestros intereses. Cualquier mecanismo de regulación se asienta, en cierta medida, en la asimilación de una determinada información... Ya se ha dicho que cuando hacemos unas preguntas queremos conseguir una información que necesitamos, y la naturaleza de las preguntas se relaciona de una manera bastante fundamental con el conjunto de parámetros en los que se juega el proceso de regulación. Si se considera tal proceso esencialmente como un proceso de mantenimiento de una forma, es decir un proceso de homeóstasis, se puede decir que estas formas están «desplegadas» en un cierto espacio de regulación.

Las preguntas que se pueden formular entran precisamente en la clasificación topológica de estos grandes espacios contenidos en los parámetros de regulación. Tomemos un ejemplo sencillo: *¿dónde?*, y *cuándo?*, son preguntas con las que se relaciona la localización espacio-temporal. Se trata, evidentemente, de un elemento muy importante, porque nuestro cuerpo, la integridad física de nuestro organismo, pasa por el mantenimiento de estos límites espacio-temporales. La integridad de la piel, por ejemplo, que nos separa del mundo externo, diferencia lo interior de lo exterior... Así pues, es absolutamente natural que haya categorías ligadas a la localización espacio-temporal. En lo que se refiere a las preguntas *¿quién?, ¿qué?*, la cuestión es un poco distinta, porque en este caso se hace referencia a la idea de sujeto que los lingüistas han complicado notablemente en estos últimos tiempos. *¿Quién?*, se refiere más precisamente al sujeto, y *¿qué?*, al objeto. También en este caso hay categorías, o más bien funciones, que presentan un cierto carácter de universalidad vinculado, creo, al hecho de que ciertas regulaciones biológicas, como por ejemplo la depredación, requieren la presencia de agentes distintos del propio sujeto.

¿Pero cómo se configura la relación entre depredación y lingüística?

En la depredación hay dos protagonistas: el depredador y la presa.

El depredador se asimila gramaticalmente al sujeto, la presa al objeto. En la base de estas grandes categorías hay, creo, una especie de descomposición de los espacios substratos en la que tiene lugar la regulación de los seres vivos, de nuestro ser, de nuestro psiquismo. La elucidación de estos grandes parámetros, de estos grandes espacios substratos de la regulación, no cabe duda de que es una tarea fundamental si se quiere comprender cómo funciona nuestro espíritu en el lenguaje, mediante el lenguaje. Es una tarea ambiciosa, pero el interés es tan grande que tenemos todo el derecho de arriesgarnos al reproche de ser ambiciosos.

Así que, como ha quedado dicho, en el conocimiento hay que valorar, no sólo la verdad sino también el interés...

Exacto. Hay muchas adquisiciones de la ciencia que sin duda alguna son verdaderas, pero cuyo interés es muy pequeño, casi nulo. El verdadero problema es el de encontrar la fuente del interés. En algunos casos se trata de una fuente sociológica local: un resulado es interesante simplemente porque quien financia la investigación ha sugerido al científico un problema que éste tiene todo el interés del mundo en resolver, si no por otra razón, para hacer carrera...

Por lo tanto, Kuhn está en lo cierto; así va la investigación...

Esta es una fuente inmediata de interés; sin embargo, creo que se podría econtrar otra, más vinculada a la gran empresa hermenéutica a la que se consagra la ciencia, que consiste en descifrar el mundo, hacerlo inteligible. Según este punto de vista, *el interés de una investigación reside en su capacidad de desvelar una estructura subyacente que hace inteligibles los fenómenos.*

Pero ¿qué quiere decir hacer inteligible una situación?

Cuando se trabaja sobre una fenomenología, hacer inteligible una situación significa más que nada aislar en esta fenomenología, en la morfología dada en el espacio substrato, elementos identificables, reconocibles, estables. Yo considero que el objetivo de cualquier teoría científica es la explicación de una morfología empírica (o experimental)... Haciendo variar las condiciones iniciales de un proceso de una determinada clase, se consigue, en un espacio definido, un *cuerpo* de datos empíricos, archivados bajo la forma de documentos escritos, tablas numéricas, imágenes fotográficas, etc. El medio en el que se presentan estas formas es, precisamente, el *espacio substrato* de la morfología. Se llamará entonces, «explicación» a cualquier procedimiento cuyo resultado consista en *reducir la arbitrariedad* de la descripción...

Basta considerar el punto de partida de la *Gestalt-Theorie* para darse cuenta de que precisamente discontinuidades de la morfología constituyen los elementos más evidentes y los más estables. Puede parecer paradójico que las discontinuidades sean estables, pero es un dato de la experiencia: basta pensar en el contorno de un objeto sólido, por ejemplo, que es a todas luces algo que permanece estable. Desde este punto de vista se puede decir que el objetivo primario de cualquier interpretación morfológica es la determinación de las discontinuidades de una morfología y de las partes estables de estas discontinuidades. En esta interpretación interviene la noción de singularidad, de la cual, de hecho, la discontinuidad es un caso particular. Se trata evidentemente de una noción muy importante, ya que es uno de los dos instrumentos, actuantes en sentido inverso el uno con respecto al otro, de que dispone el matemático para pasar de lo local, a lo global: un paso que se requiere en cualquier deducción. El primero de estos instrumentos, el que va de lo local a lo global, es la prolongación analítica en la que puede decirse que se basan, en última instancia, todos los métodos existentes de predicción cuantitativa[25]. El segundo, que va de lo global a lo local, es precisamente el de las singularidades: en una singularidad, de hecho, se concentra en un punto un ente global que luego se puede reconstruir por despliegue o por desingularización.

Hacer inteligible una situación significa, pues, en muchos aspectos, definir un conjunto de singularidades que generan, por su combinatoria, por su disposición recíproca, una configuración global estable, no sólo en el espacio substrato, sino también en un espacio de parámetros desconocidos añadidos como factor. Una vez más: sustituir lo visible complicado por lo invisible simple.

Por el contrario, aquellos que se preocupan por la acción, aquellos que, como Karl Marx, pretenden transformar el mundo en lugar de interpretarlo, tratan de actuar en el espacio substrato. Si el espacio substrato es el espacio ordinario, cualquier posibilidad de predicción está siempre ligada a una buena localización espacio-tiempo de los fenómenos que se predicen: de este modo, se ven obligados a contar con algoritmos «capaces de predecir», es decir a ampliar una situación medida en el pasado a una situación prevista en el futuro. Así pues, cualquier método predictivo se vincula a la posibilidad de ampliar una función por extrapolación del pasado hacia el futuro.

Ahora bien, como antes se decía, en matemáticas hay un solo procedimiento de extrapolación canónica, la prolongación analítica. Por prolongación analítica es como se procede de hecho cuando se hacen predicciones. Se llega en consecuencia al resultado de que las posibilidades de realizar acciones eficaces en el porvenir, ante una situación determinada, están siempre vinculadas a la posibilidad de disponer de un modelo analítico de los fenómenos.

Así pues, ¿reside aquí la razón profunda del «milagro de la física»?

Sí. Lo que caracteriza a la física es que sus entidades derivadas son todas ellas extraídas del espacio usual con un procedimiento canónico de naturaleza matemática. En la mecánica cuántica, por ejemplo, el estado del universo para un observador A puede venir representado por un vector X_A de un espacio vectorial E. Las visiones de dos observadores diferentes A, B difieren de un automorfismo lineal h_{AB} (matriz) que en principio no depende más que de la posición y del movimiento relativo de B con respecto a A. Toda la física está así contenida en la *representación* del grupo de las equivalencias (grupo de Galileo, grupo de Lorentz) del espacio E. Aunque estos grupos de equivalencia no sean compactos, desde el momento en que lo que nos interesa son sólo los estados «estacionarios» del universo (para t y $|x|$ tendentes a infinito), tal cosa puede llevarnos de nuevo al caso en que el grupo G de equivalencia es compacto. Ya se sabe que en este caso (teorema de Peter-Weyl) la representación h_{AB} es necesariamente analítica: cualquier término de la matriz h_{AB} es una función analítica de las coordenadas del observador B, y ello es suficiente para explicar de dónde procede, en este caso, la posibilidad de predicción: de hecho, partiendo del conocimiento de la función en el entorno de un punto, se puede ampliar por prolongación analítica una función a todo su dominio de existencia: la posibilidad de «predecir» es, pues, en el caso de la física, algo íntimamente ligado a la naturaleza de espacio analítico del espacio usual (o en cualqueir caso de los grandes grupos de equivalencia que operan en él)[26].

Me parece sin embargo, que tal «milagro» es algo muy limitado y que no es fácil ampliar los métodos de extrapolación de la física a situaciones en las que no se da un soporte analítico natural.

Así pues, es éste un punto en el que difieren la física y las demás ciencias empíricas.

Si, aquí aparece algo que limita de una forma drástica las posiblidades de ampliar, por ejemplo, a las ciencias humanas, o incluso a la biología, unos formalismos derivados de la mecánica y la física. Creo que, en un amplio sentido, habrá siempre *dos tipos de ciencia:* unas ciencias que permiten efectuar predicciones eficaces —es decir, predicciones cuantitativas eficaces— y que por ahora se limitan, creo, a la mecánica y la física; y otras ciencias en las que no se puede predecir en forma cuantitativa, pero en las que se podrá proceder mediante clasificaciones de carácter cualitativo y topológico. Obviamente, estas clasificaciones podrán utilizar también algoritmos matemáticos y no sólo taxonomías de carácter conceptual.

Por otra parte, el problema de la inteligibilidad está ligado en la ciencia al de la localización. Es difícil por ejemplo, considerar inteligible una acción a distancia. Como he repetido una y otra vez, las objeciones que le hacían a Newton los críticos de su tiempo son, en mi opinión, todavía válidas. Tanto es así que, incluso hoy, se busca la forma de poner de manifiesto unas ondas gravitacionales que se propaguen en el espacio. Es decir que hay una relación más bien estrecha entre los fenómenos de localización/no localización de las teorías físicas y la cuestión de la inteligibilidad; en el sentido de que la mayor parte de las leyes, de los grandes éxitos de la empresa científica, están relacionados con la formulación de acciones no locales.

La gravitación newtoniana es un ejemplo de ello. También lo es la interacción coulombiana entre dos cargas eléctricas y la interacción entre una corriente y un imán. En principio todas ellas eran acciones no locales, que se formalizaron matemáticamente. Newton formalizó la gravitación y Coulomb, Ampère y otros formalizaron las otras acciones. Los progresos teóricos han llevado luego a reemplazar estas acciones no locales por acciones locales; sólo más tarde han aparecido las teorías locales. La relatividad general de Einstein es lo que ha hecho local la gravitación; Maxwell hizo lo mismo con el electromagnetismo.

Es, pues, importante poder sustituir las teorías globales con teorías locales: desde este punto de vista, el formalismo de la teoría de las catástrofes tiende a la inteligibilidad de los fenómenos, en cuanto es fundamentalmente un formalismo local: no hay situaciones no locales en el esquematismo de la teoría de las catástrofes.

¿Cómo se articula entonces la dialéctica local/global?

En la física —y pienso, por ejemplo, en el electromagnetismo y, en cierta medida, en la mecánica cuántica— hay teorías locales, que, sin embargo, tienen también efectos globales a causa de la analiticidad global del esquema.

Y viceversa: hacer local una teoría global, una teoría inicialmente concebida como teoría de la acción a distancia, es una operación que, en sí misma, no supone un gran progreso desde el punto de vista de la eficacia práctica. Es un progreso teórico, pero, por lo menos en principio, no es un progreso en el sentido de la eficacia de la acción.

A partir del análisis del par local/global nos encontramos otra vez con una motivación profunda para la necesidad de distinguir entre teorización y acción eficaz o, para decirlo con un léxico filosófico más familiar, entre teoría y praxis.

Ciertamente.

100

La tensión local/global aparece como fundamental no sólo para las matemáticas, sino también para el conjunto de la tarea científica.

Habría aún mucho que decir acerca de la distinción entre local y global. Así, creo que uno de los teoremas más profundos de la matemática es el teorema de Stokes, del que se puede dar tanto una expresión local como una global[27]. Gracias a este paso de lo local a lo global se puede, en los formalismos físicos, jugar efectivamente entre las distintas formas de una teoría, dándole tan pronto una forma global como una local.

Pero es cierto que la forma local se conforma más a la inteligibilidad: como se ve en las aplicaciones del teorema de Stokes, pongamos por caso, para pasar de la forma local a la global hay que conocer las invariantes globales del espacio, las invariantes topológicas globales; el hecho por ejemplo, de que el dominio del espacio sea contractivo o simplemente conexo; en tal caso se puede dar una forma global.

Este es un aspecto bastante interesante en la cuestión de la representación de las dinámicas, que se vincula necesariamente, por lo menos en cierta medida, con la estabilidad estructural. Hay teoremas sobre la estabilidad de los sistemas hamiltonianos que tienen este sentido, pero no voy a insistir en este punto.

Podríamos ahora presentar un cuadro de la génesis y la historia de la teoría de las catástrofes, para volver luego a la utilización que hace de ella Zeeman y a las polémicas que a partir de allí se han derivado.

Yo escribí mi libro *Stabilité structurelle et morphogenèse* en los años 1966-67. Tropecé con no pocas dificultades para su publicación, dado el escaso entusiasmo de los editores por un texto que les parecía difícil y también un poco extravagante. Sólo en el 71-72 el editor que había substituido a Benjamin cayó en la cuenta de que mi libro no se había publicado todavía y se propuso la tarea de darlo por fin a conocer. El libro, sin embargo, ya había circulado en forma de manuscrito entre numerosos investigadores, y fue precisamente gracias a este manuscrito informal cómo Zeeman fue capaz de desarrollar la teoría de las catástrofes en la dirección que le interesaba, ocupándose en particular del establecimiento de modelos para un gran número de situaciones, desde la mecánica y la física hasta la biología y las ciencias humanas. Estos modelos quedan ampliamente expuestos en su *Catastrophe theory*.

De ello se derivó un amplísimo interés por la teoría de las catástrofes. Sobre todo después del Congreso de Vancouver[28], en 1974, la teoría de las catástrofes empezó a ponerse de moda incluso en los *mass-media*. El hecho de que, a continuación, se desencadenaran las críticas contra ella, es también un contragolpe, por así decirlo, de esa moda. Ha habido también críticas serias, entre ellas el artículo de Sussman y Zahler publicado en «Synthese» en 1978[29].

Las críticas, como ya se ha dicho, se dirigieron sobre todo contra los modelos de Zeeman... ¿Las comparte?

Las críticas de Sussman y Zahler se basan en el punto de vista tradicional de la modelización cuantitativa. La mayor parte de los modelos considerados por Zeeman no es susceptible de una formulación cuantitativa rigurosa, en especial los que se refieren a las ciencias humanas o el particularmente típico del estallido de revueltas en las cárceles[30]. Por otra parte, la aproximación de Sussman y Zahler me parece, a su vez, mucho menos seria, pues juega un poco excesivamente con la ambigüedad local/global que se debe tomar necesariamente en consideración en este tipo de modelos. Está claro que los modelos derivados de la aplicación de la teoría de las catástrofes elementales son modelos locales; en cualquier caso, para derivar de ellos conclusiones que tengan una cierta validez, habrá que completar siempre este carácter local con hipótesis de globalidad suficientemente verosímiles. Me parece que buena parte de las críticas de Sussman y Zahler se produce por el hecho de que este carácter al infinito, por así decirlo, de la dinámica en el espacio de control no surge directamente del modelo, sino que viene impuesto en cierto modo *a priori* por el modelizador. En otros términos: los modelos de Zeeman serían modelos locales, pero para derivar de ellos conclusiones sería necesario establecer hipótesis al infinito, hipótesis marginales, y precisamente el hecho de que estas hipótesis no estén claramente explicitadas en los modelos de Zeeman justificaría las críticas de Sussman y Zahler. Estos, por ejemplo, mantienen, refiriéndose al modelo de la agresividad del perro, que un perro enfurecido acaba siempre por atacar, mientras que el modelo de Zeeman conduce a la hipótesis de que el perro sigue enfureciéndose siempre, sin llegar a atacar nunca. El razonamiento no me parece muy importante, precisamente porque revierte en la dinámica al infinito, que, en cierto sentido, es algo que se deriva del modelo. También la objeción acerca del comportamiento del mercado de la Bolsa es del mismo orden[31]...

A pesar de que en el artículo de «Synthese» Sussman y Zahler declaran «tener como principal objetivo a Zeeman», hacen sin embargo una crítica que se dirige a usted cuando afirman que los modelos proporcionados por la teoría de las catástrofes atribuyen una morfogénesis a un conflicto, «a la lucha entre dos o más atractores», e impugnan la tesis según la cual, para usted, la teoría de las catástrofes no debe atender a una confirmación experimental. Finalmente, se critica el énfasis sobre el par continuo/discontinuo y se contraponen a la teoría de las catástrofes métodos discretos, como la teoría de los grafos, etc[32].

Aquí se plantean muchas objeciones en una. Ante todo, una objeción acerca de la originalidad de la teoría de las catástrofes. Se trata de una observación que se encuentra, mejor articulada, en la recensión de Smale al libro de Zeeman, publicada en el «Bulletin of American Mathematical Society»[33]. Smale afirma que, después de todo, las nociones de discontinuidad, de onda de choque, de bifurcación, etc., son nociones ya definidas y puestas en práctica por la escuela soviética, en especial por Andronov, uno de los fundadores de la noción de estabilidad estructural.

Mi respueta es que, ciertamente, la noción de bifurcación se utilizó mucho antes que la teoría de las catástrofes. Prueba de ello es el hecho de que el término «bifurcación» (*Abwegung*) aparece, por lo menos, en Jacobi[34]. Por tanto, ¿quién podría pretender que la «teoría de las catástrofes» ha generado la «teoría de la bifurcaciones»? Nueva es, sin embargo, la idea de utilizar de forma sistemática la teoría de las bifurcaciones para explicar las discontinuidades de la naturaleza. Creo que ésta es la aportación esencial de la teoría de las catástrofes en cuanto metodología y, sinceramente, no veo cómo se podría afirmar que esta idea se había formulado antes de una forma tan sistemática como se ha hecho en mi *Stabilité structurelle et morphogenèse.*

Quede claro que muchos han utilizado antes que yo la noción de bifurcación y han utilizado incluso los umbrales *a priori*, Sussman y Zahler dicen que el método de los umbrales es por lo menos tan bueno como el de las catástrofes... ¡estupendo! Yo creo que todo depende de la situación que se considere. Si se quiere comprender de dónde procede un umbral, se ve uno obligado a asumir una perspectiva ontogenética, una perspectiva diacrónica que explique la génesis del umbral. Pero si se quiere explicar la génesis de un umbral, se ve uno llevado casi automáticamente a considerar una situación de tipo catastrófico. Evidentemente, se puede también prescindir de la génesis del umbral y proponerse simplemente ver cómo funciona un umbral ya constituido: en tal caso, no es necesario introducir un formalismo como el que lleva a la cúspide para explicar la presencia de tal umbral.

Las críticas de Sussman y Zahler afectan también al status general de la teoría de las catástrofes. En muchas ocasiones, ha afirmado usted que la teoría de las catástrofes procede de las matemáticas, pero que no es matemática.

Fue Zeeman quien acuñó el término «teoría de las catástrofes», de manera que le correspondería a él decir en qué consiste efectivamente. Después de todo, la cuestión de lo que pueda ser la teoría de las catástrofes es una cuestión de definiciones. En lo que a mí respecta, la teoría de las catástrofes no es una teoría que forme parte *de* las matemáticas. Es una teoría matemática en el sentido de que utiliza instrumentos matemáticos en la interpretación de algunos datos experimentales. Es una teoría hermenéutica o, mejor aún, más que una teoría una metodología, que se preocupa por la interpretación de datos experimentales, utilizando para ello instrumentos matemáticos cuyo repertorio, por otra parte, no está definido *a priori*. Ya me guardaré muy mucho de utilizar este o aquel tipo de algoritmo matemático si no veo la necesidad de ello. Este es un punto muy delicado, de comprensión muy sutil. Vuelvo ahora a una de las críticas de Sussman y Zahler. Según algunos, la teoría debería ser, como cualquier teoría física válida, controlable por la experiencia; una teoría puramente matemática, una teoría *de* la matemática, en la que, a partir de ciertos axiomas, se demuestran unos teoremas, y todo acaba ahí. La idea de que la teoría de las catástrofes pueda ser una metodología que se apoye en las matemáticas y que considere como su material los datos experimentales es algo que, a primera vista, parece escapar al punto de vista tradicional. En resumen, se trata de una metodología que escoge, en el conjunto de los algoritmos matemáticos, el que le parece más adecuado a la situación considerada.

Pero ¿cuál es el criterio según el cual distinguiremos, entre los diversos algoritmos, el mejor para la interpretación de una fenomenología dada? Positivistas y popperianos contestarían a la vez (aunque con distintas motivaciones) que el control empírico permite discernir las explicaciones más adecuadas, las que precisamente conseguirían «sobrevivir» al control empírico. ¿Cuál es su opinión? Hay quien le acusa de negar cualquier posibilidad de control.

He dicho multitud de veces que la teoría de las catástrofes no puede quedar confirmada ni negada por la experiencia. El biólogo Lewis Wolpert me decía en un congreso: «En resumen, que su teoría lo explica todo; ahora bien, una teoría que lo expliqua todo no explica nada». De momento, quedé escandalizado. Pero después de reflexionar sobre ello, encuentro que la crítica de Wolpert, inspirada en el más puro empirismo anglosajón, está bastante fundada... Los empiristas más rigurosos siempre podrán atribuir a la teoría de las catástrofes el mismo estatuto que Evans-Pritchard atribuía a la magia. En sus estudios[35] de las prácticas mágicas de los Nuer del Alto Nilo y de los Azandi, mostró cómo el sistema explicativo de la magia es un sistema que no falla nunca. Si cualquier acto o cualquier procedimiento mágico no surte efecto, la opinión pública siempre podrá explicarse un fracaso de este tipo con razonamientos de orden local: la eficacia del acto se ha visto reducida o anulada por completo debido a un vicio de forma, a la incapacidad o a la impureza del oficiante, a un contra-sortilegio de la víctima o del enemigo, etc.

En resumen, que de una forma análoga a las creencias Nuer, la teoría de las catástrofes sería una especie de magia, una sofisticada magia de nuestro tiempo...

Hay quien tiene esa sospecha... Por otra parte, es bien sabido que Popper ha sostenido que el psicoanálisis, al no poderse «falsar», no se puede considerar «científico». Pues bien, no debemos ocultar que también la teoría de las catástrofes puede ser objeto de objeciones de este tipo...

¿Queda excluida por lo tanto del campo de las teorías científicas?

En cuanto a esto procederé con cautela. El problema de la diferenciación entre «ciencia» y «no ciencia» es un problema epistemológico que todavía se debate... Por otra parte, en este caso concreto, es falso decir que no hay forma de control para la teoría de las catástrofes. Se da un control, porque se parte siempre de datos. Todo el problema reside en que para muchos, sean científicos o filósofos de la ciencia, no es suficiente partir de un dato para hacer ciencia, sino que es necesario, además, hacer predicciones cuya contrastación con la experiencia dirá después si hemos tenido éxito... Por eso se insiste tanto en el «poder predictivo» de las teorías. Según mi opinión por el contrario, se puede hacer un buen trabajo científico a partir de un dato, sistematizando una teoría que concuerde con este dato, sin que haya que hacer necesariamente una nueva predicción a partir de ahí. Para dar un simple ejemplo, Michael Ventris, que descifró la escritura lineal B en Creta y descubrió que era griego vertido en una especial escritura alfabética[36], tenía a su disposición un cuerpo de inscripciones, y a partir de este cuerpo de inscripciones, mediante un análisis bastante profundo, fue capaz de edificar una teoría: el control experimental quedó representado simplemente por el hecho de que las inscripciones adquirían sentido... Verdad es que no fue capaz, ni se lo planteaba, de encontrar nuevas inscripciones...

Un popperiano, sin embargo, podría contraargumentar que el propósito de Ventris no era el de encontrar una nueva inscripción en lineal B; su teoría debería más bien «vetar» que se encontrasen inscripciones en lineal B que no fuesen inscripciones en griego. Existe, pues, una posibilidad (teórica) de invalidar (falsar) una teoría hermenéutica del estilo de la de Ventris.

Es verdad que si se admite el concepto de «falsabilidad virtual» también los modelos proporcionados por la teoría de las catástrofes resultan en algún sentido «falsables».

Quizá se dé una cierta analogía con los principios de la termodinámica, un célebre ejemplo de Popper por cuanto concierne a la «falsabilidad» de las hipótesis científicas. Popper «no exige, de hecho, que, antes de ser aceptada, cualquier aserción científica haya de ser, de hecho, controlada. Exige más bien que cada aserción de este tipo sea susceptible de ser controlada». Y además: «Las llamadas leyes naturales tienen la forma de aserciones estrictamente universales; así pues, pueden venir expresadas en forma de negaciones de aserciones estrictamente existenciales, o bien en forma de aserciones de no-existencia (o aserciones "no hay"). La ley de la conservación de la energía, por ejemplo, puede expresarse en la forma "No existe ninguna máquina de movimiento continuo"; o la hipótesis de la carga eléctrica elemental en la forma "No existe ninguna carga eléctrica que no sea múltiplo de la carga eléctrica elemental". En esta formulación vemos que las leyes naturales pueden compararse a "prohibiciones". No afirman que algo existe u ocurre: lo niegan... Y precisamente porque lo hacen son "falsables". Si aceptamos como verdadera una sola aserción singular que, por así decir, infrinja la prohibición afirmando la existencia de una cosa (o el acaecer de un evento) excluida por la ley, la ley resulta refutada (un ejemplo de ello podría darlo la aserción "En tal lugar hay un aparato que es una máquina de movimiento continuo")»[37]. Esto es lo que Popper quiere dar a entender con su noción de «falsador potencial» de una teoría científica. Por otra parte, todos los intentos realizados de hecho para construir un mecanismo de movimiento continuo han fallado, y se interpretan así como «corroboraciones» de la teoría. ¿Quién por otra parte está más convencido de la profunda falsedad del primer principio de la termodinámica que uno de los muchos «inventores» de las máquinas de movimiento continuo? En resumen, ¡se intenta «sinceramente» falsar la teoría, aunque no se consigue!

Diré entonces que ciertos modelos de Zeeman son verdaderamente susceptibles de ser falsados virtualmente en el sentido que hemos aclarado aquí. Se puede imaginar, por ejemplo, una actuación en el espacio de control para producir una u otra transformación y ver si tal transformación se produce efectivamente. Pero el hecho de que ciertos modelos propuestos por Zeeman sean «falsables» (en el sentido de Popper) no quiere decir que estén «bien corroborados» (en el sentido de Popper).

¿Está usted de acuerdo entonces en considerar la «teoría» de las catástrofes como un «generador» de modelos?

Por supuesto.

El hecho de que los diferentes modelos sean falsables o, sin más, que hayan sido de hecho falsados, no quiere decir, pues, que la teoría de las catástrofes quede eliminada ipso facto. *Contra cierto falsacionismo «ingenuo», una falsación «local» no implica el rechazo «global» de un generador de modelos de este tipo...*

Seguramente: si consideramos el estado presente de cierta modelización inspirada en el teoría de las catástrofes, hay que convenir en que se han producido notables fracasos, debidos al hecho de que ciertos investigadores han aplicado esta modelización como una *routine*, de una forma pedestre y no inteligente. En mi opinión, existen pocos ejemplos de una utilización pertinente de la metodología de la teoría de las catástrofes. El mejor uso que se puede hacer de ella, según mi parecer, consiste de hecho en el hallazgo de parámetros pertinentes. Por el contrario, una modelización pseudo-cuantitativa que impone un modelo catastrofista a una situación empírica determinada, puede tener interés como «matemática de aproximación», exactamente como puede tener interés en ciertos casos representar una función continua con un polinomio de interpolación.

Todo esto no dice mucho, sin embargo, acerca de los mecanismos profundos de los fenómenos, y tiene una validez local que es imposible extrapolar más allá de ciertos límites difíciles de especificar. Ello hace que, en conjunto, todo lo que se ha presentado como «aplicación» de la teoría de las catástrofes no haya dado hasta ahora resultados convincentes. En particular, no ha habido ejemplos en los que se haya podido hacer una predicción efectiva, confirmada después por la experiencia, con excepción de los experimentos realizados por M. Berry en óptica geométrica, sobre las «cáusticas»[38]. En este caso, sin embargo, se trata de fenómenos tan evidentes y previsibles *a priori,* que la sorpresa no ha sido muy grande... Desde este punto de vista, se puede decir que la teoría no ha tenido hasta ahora grandes aplicaciones prácticas y no está claro que vaya a tenerlas en el futuro, aunque obviamente ello no quede excluido. Es una situación bastante parecida a la utilización de las distribuciones gaussianas en estadística. ¿La utilización de las distribuciones gaussianas ha llevado quizás a buenas posibilidades de predicción? La cuestión no es demasiado evidente en mi opinión, y me parece que los modelos de las catástrofes se encuentran en parte en el mismo *status,* si puede decirse así. Sobre todo los proporcionados por la teoría de las catástrofes elementales –en los que se utilizan de forma sistemática las formas canónicas de las singularidades– y sus despliegues. Es verdad que la situación resulta un tanto ingrata, ya que hace difícil defender la teoría de las catástrofes, mientras todo el mundo se pregunta que es efectivamente esta teoría. Se podría responder que consiste en las siete catástrofes elementales en el espacio-tiempo de dimensión cuatro, pero éste es un punto de vista que no acepto porque, en mi opinión, la teoría de las catástrofes es mucho más general. Pero si no es eso, entonces ¿qué es? Podría responder que es un método general, pero un «método general» no hace apelación a teoremas precisos: así pues, no es «substancia matemática». Esta es, en el fondo, la objeción de Smale cuando escribe que no hay una substancia matemática real fuera de las catástrofes elementales. En un cierto sentido, Smale tiene razón. Por otra parte, me parece que sería absurdo quedar confinado en un esquema matemático único, mientras intento utilizar todos los recursos ofrecidos por la teoría de la bifurcación y estos recursos están muy lejos de conocerse y haberse analizado, incluso desde el punto de vista matemático. En general, desde el momento en que no se conoce la estructura de los atractores, *a fortiori* tampoco se conoce la estructura de la bifurcación: es *terra ignota.* Es cierto que en muchos casos se han utilizado técnicas análogas a las de *Stabilité structurelle et morphogenèse,* pero creo que en mi libro se da por primera vez una metodología sistemática de este tipo de modelización.

Parece que muchas de las críticas se articulan en dos frentes: sobre el control empírico de la teoría de las catástrofes, y también sobre su rigor matemático.

En lo que se refiere al control empírico, ya he respondido. En cuanto al rigor, es cierto que como matemático he escrito algunos artículos no muy rigurosos; soy el primero en admitirlo. Por ejemplo, mi comprometido artículo sobre los conjuntos estratificados tenía algunas lagunas en la axiomatización (que arregló Mather después), y he enunciado muchos teoremas que no podía demostrar efectivamente. Pero creo que, en conjunto, no he cometido nunca errores clamorosos. Tengo la intuición suficiente como para no cometerlos.

Por lo demás, cuando Sussman y Zahler hablan, por ejemplo, de «modelización poco rigurosa», critican ciertos aspectos de la presentación de Zeeman que son un tanto discutibles. Recuerdo muy bien que Zeeman consideraba lícito, basándose en ciertos «teoremas», afirmar, digamos, que en ciertos procesos reales se mueve una frontera y luego se estabiliza.

Es preciso que seamos precisos: soy de la opinión de que no se puede nunca «deducir» un fenómeno concreto de un teorema. Creo que existe una distinción fundamental entre el mundo de las matemáticas, en el que se procede por deducción, y el mundo de la realidad. En resumen, Zeeman quería deducir fenómenos naturales de una proposición matemática. Ello es lícito sólo si *a priori* se sabe que un fenómeno viene regido por un determinado modelo. Pero esto sólo se puede saber en virtud de una ley física o algo similar.

Así pues, usted está de acuerdo aquí con la crítica de Sussman y Zahler...

Sí. Naturalmente, mi acuerdo con Sussman y Zahler es sólo sobre un punto particular. Por otra parte, es lo que le objetaba a Zeeman: en ningún caso la matemática tiene el derecho de dictar cosa alguna a la realidad.

¿Se agota aquí la cuestión del rigor?

Para volver a cuestiones personales, es éste un aspecto que ha sorprendido mucho a algunos matemáticos, precisamente a propósito de las catástrofes elementales.

Algunos representantes de la escuela de Warwick y muchos investigadores que han seguido su intento, han llamado a esta clasificación «teorema de Thom»[39]. Pero yo nunca he enunciado un teorema de ese género, sólo he dado la lista de las siete singularidades que se presentan genéricamente en un espacio-tiempo de dimensión cuatro. Un cierto número de puristas, en particular matemáticos de la escuela soviética como Arnold, han seguido manteniendo que era incorrecto denominarlo teorema de Thom, dado que yo no había enunciado ni demostrado nada de ese tipo. Respondí a Arnold que nunca había tenido tal pretensión y que, por el contrario, me guardo mucho de reivindicar los teoremas cuando no dispongo de demostraciones completas. Pero estas cuestiones de prioridad pertenecen a ese tipo de controversia técnica que resulta de muy escaso interés para quienes no son profesionales.

Planteémonos entonces la cuestión sobre el rigor matemático. En un artículo suyo se lee que «todo lo que es riguroso es insignificante»: ¿No le parece que la insistencia sobre la confirmación experimental y sobre el rigor absoluto serían las dos caras de una misma moneda, de un «compromiso justificacionista», como lo denominan los filósofos anglosajones?

Sí. Existe, en efecto, un cierto parentesco entre las dos exigencias. Se da además un tercer factor, a mi entender, que actúa sobre la justificación de los modelos, que los que han caracterizado las otras dos características han olvidado: me refiero a la economía intelectual.

¿Por qué este término? ¿Se trata de una alusión al clásico punto de vista de Mach?

¿Mach? Quizá, si no a la navaja de Occam. Está claro que, dada cualquier fenomenología, siempre se puede dar un modelo que la describa. En otros términos: si se utilizan los suficientes parámetros, funciones de grado suficientemente elevado, siempre se puede construir un modelo matemático de lo que sea. Pero el auténtico problema no es evidentemente éste, sino que reside en la construcción de un modelo que no recurra a «demasiados» entes matemáticos. Por lo tanto, se plantea un problema entre la adhesión rigurosa al dato empírico, es decir aquello que los anglosajones llaman *fit,* y la cantidad de parámetros que comparecen en el modelo: si se introducen muchos parámetros, se da un buen *fit,* pero se tiene un modelo complicado; y si se introducen pocos, el modelo es simple, pero el *fit* es malo. De manera que lo mejor será conseguir aquellos modelos que concilien, mediante un compromiso, pocos parámetros y un buen *fit*.

He aquí, pues, un criterio en cuanto a la validez de los modelos...

...pero, que depende fundamentalmente de lo que se quiera hacer. Si, por ejemplo, se buscan modelos cuantitativos locales, es decir si se quieren modelizar cuantitativamente situaciones locales (pensemos, por ejemplo, en fenómenos biológicos bien definidos, como la circulación de la sangre o la eliminación del gas carbónico de los pulmones), hay que introducir un número suficiente de parámetros. Pero si de lo que se trata es de aislar los grandes parámetros subyacentes a los fenómenos, entonces será interesante contentarse con un número pequeño de parámetros, pasando por alto, por lo menos parcialmente, la concordancia cuantitativa con la experiencia. Cuando construí, por ejemplo, mis modelos para la embriología, nunca me preocupé por esta concordancia cuantitativa...

¿Y por qué no es relevante aquí la concordancia con la experiencia?

Según mi opinión, el problema más relevante para un modelo del desarrollo embriológico es el enlace de ciertos fenómenos locales con su ambiente (*environnement*). Plantearé un ejemplo específico que permita aclarar también la cuestión general acerca de la que estamos discutiendo: qué tipo de matemática hay que utilizar para explicar una determinada fenomenología.

Tomemos, por ejemplo, en la embriología de los vertebrados, el fenómeno de la gastrulación, una etapa del desarrollo embrional en el transcurso de la cual el ectodermo recubre la superficie del embrión, el endodermo se sitúa en el interior y el mesodermo en una situación intermedia. Ante una situación de este tipo se puede elegir entre un cierto número de modelizaciones matemáticas. Se puede, por ejemplo, como lo hizo Zeeman, tomar un modelo con tres mínimos correspondientes a tres regímenes estables (endodermo, ectodermo y meso-

112

dermo) y razonar a partir de una singularidad de estilo «mariposa». He respondido a Zeeman que considero que es preferible partir de una cúspide y suponer después que por efecto de una ulterior complicación en la dinámica se produzca un ciclo de histéresis que, eventualmente, se puede pulir y dar origen a un auténtico ciclo estable que pueda explicar la presencia del mesodermo. En este caso, se puede elegir entre dos singularidades típicas: la mariposa o la cúspide. Yo he optado por la segunda interpretación. Ciertas porciones del mesodermo dan origen, por ejemplo, al tejido cardíaco, el cual desarrolla después, a partir de sí mismo, un ciclo típico de evolución, de contracción periódica; hasta tal punto que, como se sabe, si se le impide al corazón formarse, se da entonces un gran número de pequeños corazones que se constituyen en una especie de cápsulas que pulsan, cada una por su cuenta. Se da en este caso la típica situación en la que la elección puede depender de una morfología determinada, puede venir determinada por lo que suceda en ambientes lejanos del proceso considerado.

En otros términos: hay que retrotraer el fenómeno a su ambiente, considerarlo en su génesis y en su desarrollo. De hecho son estas consideraciones vinculadas al ambiente las que pueden decidir sobre la elección de la dinámica a utilizar en el modelo.

No tengo prejuicios en cuanto a cómo construir los modelos: creo que habría que considerarlo todo, no sólo los objetos modelizados en sí, sino también los ambientes. Uno de los méritos de la teoría de las catástrofes es precisamente que permite esta flexibilidad, este mirar alrededor, relacionar las cosas... mientras que, por el contrario, la modelización más tradicional establece el modelo de un ser muy específico, muy delimitado, sin preocuparse por lo que ocurre inmediatamente después.

¿Pero no es típico de la ciencia moderna como forma específica de conocimiento este cortar los lazos? ¿Por qué, por ejemplo, Galeno, aún habiendo aplicado un método de experimentación análogo al de Harvey (la conexión) no consiguió determinar el mecanismo de la circulación sanguínea? La respuesta es que ello se debió a la incapacidad por parte de Galeno de considerar el movimiento de la sangre como un simple problema de hidráulica, de estudiar este movimiento en sí y por sí. Para la biología galénica la circulación no podía ser considerada como un sistema mecánico cerrado, ni la sangre se podía tratar con

independencia del conjunto del cuerpo, del problema de la salud, de las relaciones entre el organismo y sus propios ecosistemas, de los problemas de la alimentación, etc. Lo que Harvey pudo individualizar, no era individualizable para Galeno.

No cabe duda de que el método experimental ha favorecido en amplia medida esta disociación de los fenómenos: para describir los fenómenos parece cómodo disociarlos, aislarlos. Hay que ser capaz de disponer de una situación que sea repetible, reproducible y en la medida en que se requiere una situación reproducible, hay, evidentemente, que «recortarla». Pero en mi opinión esto de recortar las cosas es una considerable mutilación de la realidad, sobre todo en biología. En física, de hecho, se puede sostener, y no sin razón, que muchos fenómenos están ya disociados por sí mismos o vinculados de una manera muy laxa: la gravitación y el electromagnetismo, por ejemplo, están vinculados muy débilmente: en biología, por el contrario, los fenómenos están más relacionados y las disociaciones son siempre algo muy artificial.

¿Y cómo puede la teoría de las catástrofes superar semejante dificultad?

La ventaja del esquema de la teoría de las catástrofes es la idea según la cual, cuando se tiene un proceso morfológico en un espacio substrato, se puede suponer que todos los procesos locales que se dan en un área pequeña, en un pequeño abierto del entorno de un punto, forman cada uno una especie de caja negra con una «ventana», y el color de la ventana es la salida del sistema. *Toda la morfología se convierte así en un campo de «cajas negras con ventanas»;* el problema se convierte entonces en cómo interpretar los saltos de color, y por lo tanto la morfología, en términos de una dinámica subyacente, de una dinámica interna.

Supongamos entonces que una cierta región D del espacio-tiempo sea la sede de un proceso natural (físico, químico, biológico, etc.); D se divide en células, y en cada una de ellas hay una caja negra con una ventana, de la cual «surge» un color...

Exacto: el dominio D es la base de un campo de automas locales, en los que la entrada es simplemente la posición espacio-temporal, mientras de cada «ventana» sale un color, de manera que D aparece como una especie de cuadro coloreado. Si en un punto a de D el automa local se encuentra en un ramal regular de la característica C del sistema y permanece ahí pora una pequeñísima variación de a, a constituye un punto regular de la morfología. Los puntos regulares constituyen un abierto cuyo complementario es, precisamente, el conjunto cerrado K de los puntos de catástrofe. Y son estos puntos, en los que el color es discontinuo, los que constituyen los soportes de las formas visuales que percibimos en D. Así, en la distinción figura/fondo, cara a los gestaltistas, K se representa como el borde de la figura...

Pero en esta idea de una morfología como campo de cajas negras con ventanas y de dinámica subyacente, la teoría de las catástrofes ¿no recupera alguno de los temas de fondo de la antigua filosofía de la naturaleza?

Efectivamente, hay en la teoría de las catástrofes una exigencia de síntesis que, en cierta medida, recupera la herencia de la vieja *Naturphilosphie*. En mi opinión, si se observan los fenómenos con un cierto distanciamiento, se constatará que muchos accidentes morfológicos aparecen de una forma por completo independiente de la naturaleza de los entes involucrados. La clasificación de estos fenómenos generales ubicuos permite aislar «entidades» que actúan, localmente en esta dinámica y que yo he llamado λόγοι, arquetipos. En principio, estos arquetipos se manifiestan en cualquier substrato. Esta es una idea que escandaliza a los científicos positivistas que parten del principio, por otra parte discutible, de que las morfologías están vinculadas de una manera fundamental a la naturaleza de los elementos constituyentes.

Tenemos por ejemplo la teoría de las fases: todos los líquidos tienen prácticamente el mismo comportamiento, todos los gases tienen prácticamente el mismo comportamiento, todos los sólidos tienen comportamientos en gran medida similares, aunque las propiedades de rigidez, viscosidad y resistencia sean evidentemente muy distintas. La teoría de las catástrofes elementales es, en cierto sentido, una teoría del substrato más general, del substrato indiferenciado, podríamos decir de la materia prima de los escolásticos. Pero si al substrato le imponemos propiedades de invariancia, como dejar el volumen constante o la distancia constante, etc., la teoría se modifica y estas modificaciones implican un cambio en la naturaleza de los accidentes morfológicos. La materia impone vínculos suplementarios: rigidez, simetría, invariabilidad de ciertos volúmenes, etc., y debido a estos vínculos la teoría de las singularidades se modifica. Esta modificación aparece empíricamente en la naturaleza específica de las singularidades; las singularidades de las nubes, por ejemplo, no son las de un iceberg o las de una roca...

Parece, pues, que su punto de vista une la noción de forma y la de crecimiento tal como lo plantea D'Arcy Thompson [40]. *Por otra parte, revaloriza el papel de la causa formal... ¿No indica eso, en cierto modo, una vuelta a Aristóteles?*

Con ocasión de una convención sobre Aristóteles, he tenido oportunidad hace poco tiempo (1978) de sostener en mi intervención que con la teoría de las catástrofes reaparece una idea aristotélica, la del encadenamiento hilomórfico, según la cual la materia aspira a la forma. Creo que en esta idea hay un elemento nuclear muy justo; en mi opinión, es posible un resurgimiento de la causalidad formal.

Si bien se suele contraponer la ciencia de Newton a la ciencia aristotélica, Kuhn, en lugar de ello, ha subrayado que en Newton queda aún algo que sigue vinculado a la idea de causa formal de Aristóteles[41]. *Se podría hablar, más bien, entonces, de una contraposición entre el modelo científico cartesiano y una tradición que va de Aristóteles a Newton. ¿Está usted de acuerdo con esto?*

Desde este punto de vista se da, en efecto, una oposición entre Descartes y Newton. En un cierto sentido, sin embargo, en el esquema newtoniano se conserva la noción de fuerza como causa activa, más que formal; pero si Newton «envejece» un siglo y se une a Hamilton, se ve con toda claridad que las leyes de Newton se pueden expresar mediante una hamiltoniana dotada de un cierto potencial y el sistema diferencial que se obtiene hereda entonces una cierta forma, y también los accidentes locales que se obtienen, como las trayectorias cerradas, las curvas de las órbitas, el espacio de fases, etc., se ven forzados a heredar una cierta forma. Así pues, se puede decir que a partir del momento en que se utilizan formalismos hamiltonianos nos vemos llevados automáticamente a considerar ciertas envolventes de trayectorias que presentan una forma determinada, aunque en general estas formas sean, desde un punto de vista geométrico, terriblemente complicadas. Ello no impide que aparezca una disociación fundamental de las trayectorias que cumple un papel muy importante en toda la interpretación de la dinámica: existen algunas dinámicas que permanecen ergódicamente cerradas en el espacio, mientras que otras navegan caóticamente, ergódicamente en el espacio. En cierto sentido, se puede decir que ciertas formas tienden a realizarse automáticamente al nivel de una dinámica general.

¿Por ejemplo?

Consideremos un oscilador lineal. Su movimiento viene definido por la ecuación diferencial $\ddot{q} = -kq$ con $k>0$. Tenemos inmediatamente una interpretación en términos de causa eficiente: existe una fuerza de atracción que es proporcional a la distancia q y el modelo oscila indefinidamente en torno al origen según una ley sinusoidal. Pero si aplicamos el formalismo hamiltoniano se puede transformar el sistema introduciendo una «variable oculta» p que nos da el momento. Y entonces nos vemos llevados en el espacio de fases (p, q) a considerar una hamiltoniana cuadrática de la forma: $H = \dfrac{1}{2}\dfrac{p^2}{m} + \dfrac{1}{2} k^2 q^2$ donde m es la masa del oscilador. Las trayectorias pueden interpretarse entonces como elipses alrededor del origen (véase fig. 11). Se da un mínimo cuadrático para la hamiltoniana H en el origen $p = q = 0$ y, en general, para $H = E$, con E constante; se definen, pues, las trayectorias elípticas $\dfrac{1}{2}\dfrac{p^2}{Em} + \dfrac{1}{2}\dfrac{k^2}{E} q^2 = 1$, de manera que el *mismo* sistema dinámico puede tener una interpretación en términos de causa eficiente por medio de los flujos o una interpretación morfológica en términos de singularidades de una hamiltoniana. Decir qué interpretación es la más profunda, cuál es la más física, es una cuestión de libre elección.

En conclusión, sobre este punto...

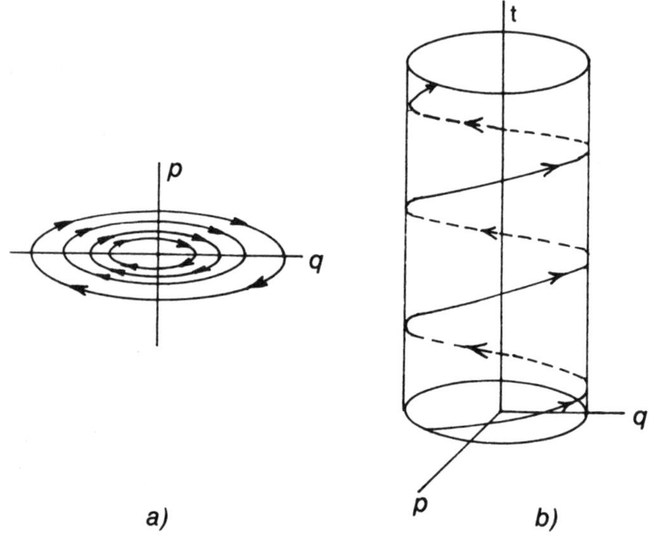

Fig. 11 El oscilador lineal. *a)* El espacio de fases (p, q). *b)* El espacio de los estados (p, q, t), en los que el tiempo t se considera como una variable adicional.

...quisiera citar las palabras de un colega economista, de quien no daré el nombre, que ha querido dar su interpretación a propósito de la teoría de las catástrofes. Dice textualmente: «cuando René Thom, de quien nos guardaremos mucho de discutir los méritos evidentes, afirma por ejemplo que la estabilidad de una forma como el vórtice del río heraclitiano del curso universal, reposa en definitiva en una estructura de carácter algebraico-geométrico dotada de la propiedad de estabilidad estructural respecto a las incesantes perturbaciones a las que está sujeta, ¿no parece invitarnos quizá a trasladar nuestra atención del análisis de las fuerzas al análisis de las formas, y a infravalorar, por ejemplo, la importancia de los fenómenos de afinidad química que fijan en el tiempo las estructuras de su encuentro aleatorio?» A lo que yo respondo: no existe razón alguna para pensar que la fuerza tenga en principio un estatuto ontológico más profundo que la forma. Si se ha atribuido en general a la fuerza un estatuto ontológico más profundo que a la forma, ello puede haberse debido a una especie de antropocentrismo ingenuo que depende del hecho de que actuemos sobre los objetos externos a través de la fuerza que aplicamos en ellos con el concurso de nuestros músculos.

Es cierto que también en la física newtoniana las fuerzas aparecen como agentes eficientes. Podemos entonces considerar que si la fuerza tiene un estatuto ontológico superior con respecto a la forma, ello se debe al paradigma fisicalista de tipo newtoniano... Pero que esta opinión la defienda un economista es algo más bien sorprendente.

Por mi parte, yo considero que la forma, entendida en una acepción extremadamente general, es un concepto infinitamente más rico y sutil que el concepto de fuerza, que es un concepto bastante antropocéntrico que reduce prácticamente un ser a un vector. Pero, sean físicos o economistas, hay que convencer a los investigadores de que es verdad que el análisis morfológico puede poner de manifiesto más cosas que un análisis en términos de fuerzas. Resta todo un programa de educación por cumplir.

Epistemología y filosofía

*La teoría de las catástrofes ha sido portadora de ideas acep-
tadas tal vez con dificultad en el ambiente científico tradicional.
Este es un problema de sociología de la ciencia planteado en sus
términos generales por Thomas Kuhn sobre todo, quien en* La
estructura de las revoluciones científicas[1] *ha mostrado, en particular, las dificultades con que tropiezan las nuevas ideas para
penetrar en la educación. ¿Qué piensa usted al respecto?*

Aprecio mucho el libro de Kuhn. La idea de paradigma es
una idea muy justa[2]. Un paradigma tiene larga vida y sobrevive
con mucho a su eficacia, sobre todo por motivos sociológicos.
Desde este punto de vista, pues, las ideas de Kuhn pueden perfectamente incluirse en un esquema de tipo catastrofista. Quizá
la aproximación sea un poco audaz, pero creo que los mecanismos básicos son bastante próximos. La inercia de un paradigma se debe a la miopía de los científicos que trabajan en su
ámbito, entregados a la «solución de rompecabezas», como dice
Kuhn[3]. Está claro que cuando uno se dedica a la solución de
un rompecabezas no se acuerda de todo lo que queda fuera del
rompecabezas que tratamos de resolver: precisamente por esta
razón, un paradigma puede verse, con el tiempo, amenazado
desde el exterior, sin que los investigadores que trabajan *en su
interior* tomen conciencia de ello. Se encuentran, pues, en una
situación metaestable, incluso antes de darse cuenta. Una situación que es por completo análoga a la que se da, en el terreno político, en los períodos prerrevolucionarios. A menudo
los regímenes se encuentran en dificultades porque los dirigentes no tienen conciencia clara de los peligros que les amenazan.
Viven en un universo cerrado, separado de la realidad, y la revolución se desencadena, siempre que un grupo o un jefe más
o menos carismático asuma la dirección de la revuelta. Si el fer-

mento de las ideas logra sintetizarlo un «jefe», entonces se elabora una contradoctrina, un contraparadigma, que se contrapone al paradigma existente. En una situación prerrevolucionaria, con frecuencia las ideas son al principio un poco utópicas, casi milenarias: agitan los espíritus, aun sin tener un alcance concreto.

En todo caso, basta que estas ideas cristalicen en un principio de organización para que, en poco tiempo, se conviertan en una gran fuerza de atracción en torno a la cual se organiza la oposición que llevará luego a la revuelta. Por otra parte, una revolución se lleva a cabo cuando los mismos dirigentes dejan de estar convencidos de la validez del viejo paradigma. El análisis histórico de algunas situaciones revolucionarias muestra que, en muchos casos, si el gobierno hubiese utilizado la fuerza militar en el momento oportuno hubiese podido abortar la revolución antes de nacer. Pero lo que probablemente ocurre es que los mismos jefes están vencidos por las dudas y no saben utilizar la fuerza con la suficiente decisión: es entonces cuando están perdidos. Quizá en la evolución de las ciencias ocurre lo mismo: en un momento determinado, los mantenedores de un viejo paradigma se sienten vencidos por las dudas, y en ese momento queda abierto el camino para un nuevo paradigma.

Revoluciones políticas *y revoluciones* científicas*: se trata de algo más que de un parecido superficial. En ambas, como por otra parte ha subrayado también Kuhn, el elemento básico suele ser una situación de «crisis» en la comunidad política o científica. El término «crisis» ¿no hace referencia, como «catástrofe», a un cambio de régimen cualitativo?*

Existe en primer lugar una diferencia radical. Una «catástrofe» (en el sentido más amplio del término) es un fenómeno visible, una discontinuidad observable... La crisis, por su parte, puede ser algo latente. Muy a menudo se manifiesta sólo a través de una perturbación cuantitativa (y no cualitativa) de un proceso de regulación; pensemos, por ejemplo, en una crisis económica vinculada a la inflación...

También las «crisis» de la comunidad científica, las crisis de los paradigmas kuhnianos, pueden ser «invisibles»...

Sí, también aquí, como en otros terrenos, se da una relación clara entre crisis y catástrofe. La crisis anuncia con frecuencia la catástrofe a la que precede y a veces provoca. Son situaciones ya familiares para la física y la química: pensemos en los fenómenos de cambio de estado. Las situaciones caracterizadas por una morfología local fluctuante se presentan también en la sociedad, precisamente cuando se preparan los grandes cambios...

Sin embargo, hace falta una ulterior cualificación. Una definición formal de «crisis» no es lo que se busca necesariamente a nivel morfológico; no se puede reducir expeditivamente la «crisis» a la simple prevención de una catástrofe. La «crisis» se define a otro nivel, el de la subjetividad.

Los sistemas mecánicos, físicos, etc., tienen «puntos críticos», no auténticas «crisis». Las crisis tienen un carácter *eminentemente subjetivo*. En resumen, se encuentra en «crisis» cualquier «sujeto» cuyo estado, que se manifiesta con un debilitamiento —aparentemente sin causa— de sus mecanismos de regulación, es percibido por el mismo sujeto como una amenaza a su existencia...

Veamos algún ejemplo.

Basta observar las crisis económicas: ¿qué quedaría de tales crisis si se pudiesen eliminar los efectos psicológicos de las «situaciones de crisis» sobre los agentes económicos?

Pero si por esta componente subjetiva la noción de crisis escapa del cuadro conceptual de la dinámica, ello no quiere decir que concierna exclusivamente al sector de la psicología humana. En mi opinión, el contexto adecuado es el de la biología. De hecho, se puede hablar de *organismo animal en crisis,* teniendo en cuenta la rudimentaria subjetividad que podamos reconocer en los animales... En los animales, el *ego* no subsiste de forma permanente; se reforma, vuelve a cobrar forma *de nuevo* cada vez que pone en juego un gran reflejo regulador que involucra algún «objeto» externo. Pensemos, por ejemplo, en el mecanismo de depredador/presa. Se trata de situaciones *ambiguas* en las que al sujeto se le sustrae un objeto que «normalmente» le es habitual o se le ofrece una pluralidad de objetos entre los que escoger. Un caso del primer tipo es la llamada «privación sensorial», que puede llevar al sujeto a la angustia y a la alucinación. Un caso paradigmático del segundo tipo es el célebre asno de Buridán[4]...

Otro ejemplo posible: el pájaro fascinado por la serpiente. En este caso se podría pensar que la forma de la serpiente evoca en el pájaro la forma arquetípica del gusano, por lo tanto de su presa. Pero el tamaño de la serpiente hace de ella el depredador, y de ahí la parálisis del «juicio» del pájaro.

¿Y qué pasa cuando la individuación de las causas de la crisis permite resolverla?

En todos los casos que he citado, la crisis se produce en el sujeto debido a una carencia o a una ambigüedad de su objeto «normal» (no hay, hay demasiados, etc.) debida a la presencia de una situación conflictiva en el ambiente. Resolver la crisis significa escoger un objeto oportuno, en el que el sujeto vuelve a encontrar el objeto «habitual» y sobre el que el sujeto puede actuar (por ejemplo, mediante la captura). Este mecanismo de extinción de la crisis —que reporta al sujeto una especie de «credo»[5] que le da seguridad— es tan eficaz que el sujeto, incapaz de captar la verdadera causa del mal, se forja un falso objeto sobre el que actuar, con el resultado de eliminar (tan sólo) los aspectos psicológicos de la crisis en cuestión. En biología y también en sociología son numerosísimas estas «pseudosoluciones». Pensemos sólo en los chivos expiatorios a los que recurre demasiado a menudo la comunidad social en crisis (es típico el caso de las persecuciones y de las guerras promovidas por los nazis). Ahora bien, las pseudosoluciones tienen con frecuencia una eficacia local innegable, pero insistir en estas pseudosoluciones más allá de un determinado límite no tarda en generar una situación análoga a las de las crisis debidas a *hybris*: un mecanismo que se ha mostrado ventajoso hasta cierto punto se manifiesta desastroso más allá de un determinado umbral.

En todo caso, en no pocas situaciones, las crisis tienen un carácter beneficioso...

Una crisis en un ser vivo está siempre relacionada con un defecto de sus mecanismos de regulación. El análisis de la constitución del esquema de regulación de un animal muestra que estos defectos son inevitables, en cuanto están ligados a vínculos de naturaleza topológica (o morfológica). Así, un animal no puede vigilar permanentemente la totalidad del ambiente circundante con su aparato sensorial —su piel, por ejemplo, no puede estar en su totalidad cubierta de ojos—. Existen, necesariamente, lagunas, imperfecciones en la simulación del mundo exterior que hace el cerebro: si un enemigo utiliza en su propia ventaja estas lagunas, entonces se desencadena la crisis. Finalmente, el propio desarrollo «normal» comporta etapas «indeterminadas» que generan crisis, normalmente superadas...

Así pues, la crisis es inevitable y, por lo general, beneficiosa: puede hacer que el sujeto cobre conciencia de sus propias limitaciones e impulsarle a una «retirada estratégica» que le permite ganar tiempo y readaptarse mejor al propio «ambiente». La metáfora biológica resulta extremadamente útil, pues, para el estudio de la comunidad social y de las mismas comunidades científicas. Naturalmente, la elección por parte del «sistema» (o del «sujeto») de una pseudosolución puede desarrollar «tendencias aberrantes»...

La misma tensión entre «estado normal» y «estado de crisis», examinada en detalle, revela una notable concurrencia entre «crisis» y «normalidad», lo cual nos remite al modelo de desarrollo diseñado por Kuhn: la ciencia «progresa» a través de sus propias «crisis».

Como ya he dicho, el modelo kuhniano de la dinámica de la empresa científica me parece convincente desde más de un punto de vista. Si el asno de Buridán no quiere perecer, elige por fin entre heno y cereal: lo mismo ocurre en la comunidad científica en los grandes períodos de «crisis» en el sentido kuhniano, cuando se trata de optar entre dos paradigmas rivales. Pero también el modelo kuhniano tropieza aquí con algunas dificultades. Sigue abierto el problema de saber si la evolución histórica de las ciencias ha de depender de conflictos puramente sociológicos, dejando a un lado en un cierto sentido el problema de la confrontación con la experiencia. En otros términos: ¿cuál es el papel de la confrontación con la exigencia teórica de inteligibilidad por un lado y con la experiencia y el éxito a nivel práctico por otro, ante el éxito relativo de dos teorías en competencia? Se puede estar tentado de pensar que el papel de estos dos factores —exigencias teóricas y éxito en la práctica— es en realidad bastante importante. Evidentemente, puede suceder que el mismo campo experimental pueda explicarse por dos teorías en competencia de un modo, digámoslo así, bastante «complementario»: una teoría explica bien una parte del campo y mal la otra, mientras otra teoría explica mal la primera parte y bien la segunda. En este caso sería legítimo dudar entre las dos teorías y el éxito de una se debería probablemente a factores de índole sociológica o histórica. Pero en situaciones en las que una teoría es mejor que otra desde el punto de vista de la economía intelectual, del rigor, de la inteligibilidad y de la eficacia práctica, no cabe duda de que esta teoría acabará preponderando. Quizá precisamente por eso no he impulsado nunca demasiado la teoría de las catástrofes, porque estoy convencido de que tiene el valor suficiente por sí misma para tener éxito, aun no existiendo fuerzas sociológicas que la impongan. La mejor prueba de ello es que, por ejemplo, en «Mathematical and biological papers» se han publicado artículos de investigadores que establecen modelos de las diversas situaciones hablando de la cúspide como de algo cuyas propiedades se conocen muy bien, sin hacer referencia necesariamente a la teoría de las catástrofes. Esto prueba que la teoría ha arraigado entre los investigadores.

En su artículo «Rôle et limites de la mathématisation en sciences»[6] *opone usted lenguaje* matemático *y lenguaje* natural. *¿Por qué?*

Se trata de una contraposición bastante clara. Se puede objetar que el lenguaje matemático exige también la utilización del lenguaje natural, pero ciertamente en el lenguaje matemático hay algo específico que lo opone al lenguaje natural. Lo que hay en él de específico es, creo, la posibilidad de definir *variaciones continuas,* que no son descriptibles lingüísticamente. Antes hablábamos de un oscilador lineal, que oscila en torno a un punto y he dado de él una descripción lingüística. Pero si introduzco el espacio de las fases (p, q) y si considero las relaciones $H (p, q) = E$, con E como constante[7], tengo inmediatamente una descripción infinitamente más precisa que la puramente lingüística. Existe en el formalismo matemático una posibilidad por lo menos virtual de descripción que, de algún modo, introduce el infinito «actual» (ya que si existe en el continuo es precisamente un infinito actual). Por el contrario, la descripción lingüística común es una descripción por elementos discretos, una combinatoria.

«La utilización del lenguaje natural en la ciencia escribe usted [8] *conlleva un problema epistemológico grave. ¿En qué medida los conceptos asociados a las palabras del lenguaje natural tienen un alcance universal (y, por eso mismo, son susceptibles de "cientificidad")?» Nada asegura* a priori *que una palabra de una lengua tenga un equivalente exacto en otra lengua: ¿hay que traducir la palabra "razón" por* Verstand *o* Vernunft *en alemán? Si se le quiere garantizar a la ciencia una pretensión (por cuanto es relativa) de universalidad e intemporalidad, es necesario que los conceptos que utiliza puedan definirse y traducirse a todas las lenguas del mundo. Este problema de la cientificidad del concepto no parece haber recibido solución alguna satisfactoria. Pero, ¿no es ésta una condición excesiva? ¿No se corre el riesgo, al ser demasiado exigente, de negar toda «cientificidad» a demasiados conceptos comúnmente utilizados hoy en las ciencias?*

El problema de la traducción es muy intrincado. Creo, sin embargo, que los conceptos que se pueden considerar científicos son los conceptos a los cuales se puede dar una traducción unívoca en todas las lenguas del mundo y ello es posible porque, en mi opinión, se puede especificar su significado mediante la referencia a transformaciones que pueden considerarse transformaciones espaciales. El concepto de velocidad, por ejemplo, es científico en cuanto definimos la velocidad como la derivada de la posición con respecto al tiempo. Si se acepta que la posición, y asimismo el tiempo, es una referencia espacio-temporal universal, entonces también la velocidad tiene una definición intrínseca. Creo que los únicos conceptos que pueden considerarse racionalmente definidos de una forma intrínseca son los conceptos susceptibles de ser finalmente definidos, tras unas etapas intermedias, sólo mediante consideraciones vinculadas a la localización espacio-temporal. Desde este punto de vista, los únicos conceptos verdaderamente «científicos» son los conceptos relacionados con la geometría del espacio-tiempo.

Pero si, según Comte, se reconoce a cada disciplina el derecho a recurrir a una conceptualización específicamente suya, ¿no resulta este «criterio» demasiado riguroso?

Si es posible una tal conceptualización «científica», lo es en cuanto queda comprobada la posibilidad de disponer de conceptos intersubjetivos, una intersubjetividad que debe trascender la lengua en la que se formulan los conceptos. Las ciencias humanas, en particular, plantean problemas muy difíciles desde este punto de vista: los problemas de sociedad, de clase, de poder, etc., ¿son conceptos universales? Intuitivamente, uno se sentiría tentado a responder en forma afirmativa, pero no hay que estar demasiado seguro de eso...

Soy de la opinión de que si se llevase hasta el extremo esta exigencia de universalidad nos veríamos llevados a admitir que sólo los conceptos que se pueden geometrizar y llevar al espacio-tiempo son susceptibles de universalización y, por tanto, de cientificidad. Se podría proceder de una manera, por así decirlo, inferencial: se comprueba la cientificidad de un concepto *a*, que puede describirse mediante una determinada forma geométrica en un espacio sustrato; si en este espacio substrato se pueden operar combinaciones geométricas definidas que conduzcan al concepto *b*, entonces se podrá decir que la cientificidad del concepto *a* implica la cientificidad del concepto *b*. Así, desde este punto de vista, existe la posibilidad de una construcción inferencial de la cientificidad. No sé si este procedimiento se ha aplicado nunca, pero creo que sería teóricamente aceptable. Aquí se ve reaparecer la diferencia entre Frege y Russell: Frege sostenía que un sistema axiomático exige la verdad de los axiomas; según Russell, por el contrario, la verdad de los axiomas es algo que se postula, y lo que importa es la inferencia, a partir de los axiomas, de las proposiciones deducidas. En algunas cuestiones de cientificidad se puede muy bien aceptar una posición como la de Russell y preguntarse: *supongamos que* un cierto concepto sea científico, ¿podemos deducir de ahí que otro lo es?... sin que se pueda llegar nunca a una definición completamente intrínseca de la cientificidad de los conceptos. Una vez dicho esto, creo que hay conceptos de carácter subjetivo muy abstractos —como el concepto de sociedad, de idéntico, diferente, etc.— que probablemente podrían considerarse como universales. Pero éste es un problema muy amplio...

Parece que en las ciencias de la naturaleza se da también un problema similar. Muchos conceptos utilizados (orden, desorden, caos, mensaje, información, etc.) con creciente entusiasmo por los investigadores tienen un claro carácter local. Las mismas entidades «derivadas» de la física, como velocidad —y también fuerza, energía, etc.— no están necesariamente localizadas...

Estas entidades derivadas presentan de hecho una naturaleza lingüística parecida a la de un predicado, de un adjetivo... Por ejemplo, el adjetivo «rojo» no está localizado espacialmente, participa de hecho —en cierto sentido— de todas las cosas rojas del universo, está localizado en el espacio (subjetivo) de las impresiones. En el fondo, hay aquí un poco de magia. Como ya he dicho, los más grandes éxitos científicos de la humanidad —empezando por los de la física— aparecen como en función de un acto de magia, una especie de acción a distancia. Así ha ocurrido con la gravitación newtoniana y, después, con la misma mecánica cuántica. Pero se trata de una magia rigurosamente controlada. Ha hecho falta Einstein para hacer de la gravitación una teoría local. Con la mecánica cuántica la cuestión es todavía más ardua...

La cuestión de la «cientificidad» de los conceptos nos ha llevado otra vez a la contraposición local/global...

De hecho, yo estoy entre los que piensan que una teoría no local no puede llegar a considerarse científica en un sentido estricto: conocemos —y actuamos— tan sólo localmente. Pero en lo que se refiere a la cientificidad de los conceptos, aquí el papel capital es el cumplido por la matematización (y la formalización). En la medida en que la deducción teórica puede efectuarse «formalmente», es decir mediante una confrontación *local* con formas asumidas como axiomas, adquiere con certeza una validez universal...

Pero el recurso a esta especie de combinatoria que sostiene la idea de la cientificidad inferencial ¿permite en realidad superar las dificultades relativas a la confrontación de «paradigmas» rivales? Examinemos un ejemplo específico, sobre el que tanto han insistido Thomas Kuhn y Paul Feyerabend. Kuhn por ejemplo, escribe: «¿Es realmente posible hacer derivar la dinámica newtoniana de la dinámica relativista? ¿Qué aspecto presentaría semejante derivación? Imaginemos una serie de proposiciones E_1, E_2, ...E_n, las cuales en su conjunto constituyen el corpus de leyes *de la teoría de la relatividad. Estas proposiciones contienen variables y parámetros representando la posición en el espacio, el tiempo, la masa en reposo, etc. De ello es deducible, mediante las reglas de deducción de la lógica y de la matemática, un conjunto de proposiciones adicionales, entre las cuales hay algunas que pueden ser verificadas por la observación. Para demostrar que la dinámica newtoniana puede ser considerada un caso especial, debemos añadir, a los precedentes E_i, nuevas proposiciones, como $(v/c)^2 < 1$ lo cual restringe la amplitud de los parámetros y de las variables. Este conjunto ampliado de proposiciones se manipula hasta producir un nuevo conjunto N_1, N_2, ...N_m, que es idéntico en la forma a las leyes newtonianas del movimiento, a la ley de gravitación, y así sucesivamente. Por lo que parece, la dinámica newtoniana se ha derivado de la einsteiniana, bajo unas pocas condiciones restrictivas. Pero en todo caso la derivación es espúria...»*[9].

Esta «derivación» se encuentra por otra parte citada en muchos manuales de teoría de la relatividad... En cierto sentido es lícito afirmar que la teoría de Newton es como un «caso especial» de la relatividad einsteiniana.

Pero la concordancia entre una y otra es sólo numérica, no «cualitativa». Como subraya Kuhn, las variables y los parámetros que en las E_i de la teoría einsteiniana representaban la posición en el espacio, el tiempo, la masa, etc., están también presentes en las N_j y siguen representando el espacio, el tiempo y la masa einsteiniana. Pero los referentes físicos de estos conceptos einsteinianos no se ven afectados de la misma manera que los conceptos newtonianos que tienen el mismo nombre.

Está claro que Newton no podía imaginar que un día la masa iba a transformarse en energía, ni nada parecido. Kuhn tiene razón substancialmente: para aparecer como un «caso especial» de la relatividad, la mecánica newtoniana debe ser «oportunamente transformada»; pero la simple posibilidad de transformaciones de este tipo —que frecuentemente funcionan en un solo sentido (es decir, en nuestro ejemplo, *de la* teoría de Newton *a* la de Einstein y no viceversa, por lo menos con éxito)— pone de manifiesto cuan exagerado resulta sostener que las teorías científicas se destruyen sin que haya progreso. Una vez aclarada la acepción particular de «caso especial», se puede afirmar que una teoría «contiene» la teoría precedente a la que, por decirlo así, ha «destronado». Según mi opinión, hay un único contraejemplo: la revolución galileana anuló por completo la problemática misma del aristotelismo.

Las ideas de generación y corrupción, por ejemplo, fundamentales en Aristóteles, desaparecen por completo en la perspectiva galileana (como, por otra parte, en Descartes). Así, los problemas relativos al nacimiento y a la destrucción de las formas han quedado drásticamente arrinconados.

De este modo, para decirlo con Feyerabend, «el procedimiento de Galileo reduce drásticamente el contenido de la dinámica: la dinámica aristotélica era una teoría general del cambio que comprendía el movimiento local, el cambio cualitativo, el cambio cuantitativo, y el cambio de substancia (generación y corrupción). La dinámica de Galileo y de sus sucesores se interesa sólo por la locomoción»[10].

Precisamente considerando el caso histórico de la «ruptura galileana» es como Feyerabend encuentra los argumentos más interesantes en defensa de su «anarquismo metodológico». Pero para darle una valoración general, me parece que antes que nada hay que hacer alguna aclaración sobre lo que es modelización científica. No es difícil explicar lo que es un modelo en ciencia: coloquémonos ante una situación que presenta unas características sorprendentes para el observador, porque se desenvuelve de una manera imprevisible; hay elementos aleatorios o aparentemente indeterminados y factores que actúan de una forma no local —acciones a distancia, por ejemplo—. Se trata de dominar estas situaciones mediante la modelización, es decir, construyendo un sistema material o mental que simule las situaciones naturales de partida, a través de una cierta analogía. En este punto, se formula una cuestión acerca de la situación natural, se la transfiere al modelo, por analogía, y se hace que el modelo evolucione de forma que se llegue a una respuesta. Aplicando la analogía en sentido inverso se consigue una respuesta para la situación natural, que se confronta finalmente con los datos de la experiencia. La construcción de modelos tiene dos tipos de justificación: una justificación *a priori* y una justificación *a posteriori*. La justificación *a priori* deriva de una teoría de la analogía entre el sistema natural y el modelo, que sin embargo no se ha formulado todavía: la teoría de las catástrofes constituye, en cierto sentido, sus prolegómenos. En todo caso, hay casos en que puede darse una cierta justificación de la analogía (construyendo, por ejemplo, una *maquette*, se pueden encontrar correspondencias entre los datos de la maquette y los datos reales). Así pues, en la medida en que la analogía entre la situación natural y el modelo está justificada científicamente, el modelo queda justificado *a priori*. La justificación *a posteriori* es la confrontación con la experiencia, la confrontación de la respuesta del modelo con los datos experimentales. En mi opinión, la característica principal de la ciencia moderna es que exige con frecuencia una experimentación muy costosa y, por este motivo, se exige que los modelos propuestos estén *a priori* ampliamente justificados. No resulta tolerable aventurarse en una experimentación costosa si la modelización que la exige está mal fundada. Así, en la medida en que la experimentación resulta cara, hay que apelar a modelos muy bien justificados *a priori*. Pero la construcción de modelos es una apuesta, una apuesta y una ganancia: la apuesta es la justificación *a priori*, la ganancia lo es *a posteriori*. Ahora bien, en la ciencia moderna las cosas funcionan exactamente a la inversa: la justificación *a posteriori es* prácticamente despreciable con respecto a la justificación *a priori*. Ya que se requiere hacer experimentaciones costosas, la máquina experimental debe funcionar a toda costa. En mi opinión, ésta es precisamente una de las causas principales de la esterilidad de la ciencia moderna, esterilidad entendida como carencia de concepciones teóricas generales. Casi todos los resultados que se consiguen son ya previsibles desde el principio. Por tal razón, me sentiría tentado de sostener que los modelos más extravagantes y peor fundados son los que dan los mejores resultados. Ya me doy cuenta de que este tipo de afirmación puede parecer paradójica respecto al modo de pensar tradicional, pero me parece que muchos científicos estarían dispuestos a admitir que la mayor parte de los resultados verdaderamente significativos e interesantes, incluso en disciplinas muy experimentales como la biología, se han conseguido a partir de experimentos que no costaban nada.

Si es cierto que la inflación experimental de la ciencia moderna ha llevado a una desarrollo considerable de la producción científica, hay que admitir sin embargo que gran parte de esta producción carece hoy de interés. Basta echar una ojeada a periódicos científicos como *Nature* o *Science* para darse cuenta de la escasez de consecuencias que se derivan de los resultados principales que se nos comunican. Desde este punto de vista, la experimentación a ultranza lleva a una total devaluación del «hecho» científico. A fuerza de proceder a experimentos insuficientemente motivados, la investigación científica acaba perdiendo valor y es probable que dentro de poco la comunidad no acepte subvencionar investigaciones que no tengan motivaciones prácticas o teóricas ciertas.

Para decirlo con Lenin, entonces, «¿qué hacer?»

Habría que volver, como dice Habermas, a la idea de que junto a la *verdad* propiamente dicha de un resultado se debe considerar también su *interés*. Es la famosa fórmula que tantas veces he utilizado: «lo que limita lo verdadero no es lo falso, sino lo insignificante». Y la ciencia moderna, en el punto en que se encuentra, es un auténtico torrente de insignificancia.

¿Está usted de acuerdo, entonces, con la «proliferación de teorías» auspiciada por Feyerabend?[11]

Sí, siempre que esta proliferación no resulte demasiado costosa. Es preciso reconocer, evidentemente que hay sectores de la investigación experimental que por necesidad resultan muy caros. Las investigaciones sobre altas energías y sobre las partículas elementales, por ejemplo, exigen situaciones extremas, completamente marginales, en las que se aplica una concentración enorme de energía en un volumen muy pequeño. En cualquier caso, el problema consiste en saber si los conocimientos que se espera derivar del estudio de estas condiciones extremadamente marginales merecen todo el esfuerzo que se les consagra.

Los adeptos dirán siempre que sí...

Claro. Los especialistas se muestran unánimes al decir que sus investigaciones sirven para «penetrar cada vez con más profundidad» en el enigma de la materia y de la radiación, por lo cual se puede esperar que se llegue a saber más sobre su comportamiento y su constitución... pero esta actitud procede de un postulado de difícil demostración: que el estudio de condiciones cada vez más marginales, cada vez más extremas, lleve a una mejor comprensión de la situación normal. Este es un postulado que resulta verdaderamente difícil de sostener, y yo me pregunto si en efecto vale la pena seguir insistiendo con tanta tenacidad en el estudio de las partículas elementales y de las altas energías.

¿Una mayor libertad teórica?

No cabe duda de que un cierto «abandono» a las consideraciones teóricas, a la especulación teórica, a la proliferación de las ideas más que de los experimentos, presentaría la ventaja de no resultar costoso. El pensamiento especulativo podría producir al cabo de poco tiempo ideas que conducirían a aplicaciones interesantes incluso desde un punto de vista práctico y experimental. Sería entonces seguramente útil, en mi opinión, una cierta «redistribución» de la orientación de la actividad científica, que en los últimos años se ha visto demasiado canalizada hacia las experiencias concretas. Según este planteamiento, también la distinción tradicional entre fines de la ciencia y fines de la filosofía podría en cierta medida desaparecer. Una investigación de tipo teórico, de hecho, podría tener a la vez implicaciones científicas y filosóficas. Y por otra parte, ¿por qué no iba a poder la especulación filosófica inspirarse en técnicas de orden científico?

¿Por ejemplo?

Se podrían dar ejemplos con la argumentación del primer motor de Aristóteles y con otros casos que preceden al divorcio histórico entre ciencia y filosofía. El problema, sin embargo, es el de cubrir esta distancia en los años futuros. Resulta bastante curioso que los filósofos de hoy pongan el acento casi exclusivamente en los métodos de la lógica formal: existen otros métodos científicos que podrían someterse a examen y es precisamente según esta óptica que habría que reconsiderar ciertas especulaciones de la lingüística, de la semántica o de la gramática universal. En cuanto a esta última, se podría decir que no es ni filosofía ni ciencia: no es filosofía, porque utiliza técnicas de carácter científico, y no es ciencia porque no se puede controlar mediante la experiencia.

Ya hemos hablado del control empírico y, más en general, del papel de la experiencia en la actividad científica cuando se ha subrayado que puede ser más relevante, en ciertos aspectos, el interés de una teoría que su «confirmación» empírica. Pero ¿en qué consiste, según usted, este interés?

A propósito de la tendencia a minimizar el papel de la experiencia y respecto a lo que se refiere a la cuestión del interés, ya he dicho en otro lugar que tenemos, por ejemplo, un conocimiento implícito de las leyes de la mecánica. Nuestro organismo está construido de tal manera que cada vez que actuamos espacialmente con nuestros músculos y nuestros huesos, satisfacemos automáticamente las leyes de la mecánica, de las que tenemos, por tal razón, un conocimiento implícito. Pero el problema, en realidad, consiste en pasar de estos conocimientos implícitos a un conocimiento explícito. Desde este punto de vista, pues, la investigación científica puede considerarse como una especie de «desvelamiento» de las estructuras que existen ya en el interior de nosotros mismos: una especie de psicoanálisis...

La pena es que el conocimiento explícito se ve por la general dificultado por mecanismos que, en términos psicoanáliticos, podríamos denominar de «censura». La simple introspección no puede liberar estas estructuras implícitas sin resistencia. La experimentación podría cumplir un papel importante al consentir, mediante el conflicto con el dato experimental exterior, que cayese la censura que nos impide ver nuestras estructuras. Por tal motivo, una experiencia será tanto más interesante cuanto más capaz sea de apartar estas censuras.

¿Por ejemplo?

Tomemos la famosa experiencia de Arquímedes. Mientras estaba en la bañera, sólo con su cuerpo como instrumento, Arquímedes[12] descubrió una ley fundamental de la estática; es decir que se dio cuenta, mediante la observación unida a la reflexión, de que somos mucho menos pesados en el agua que en el aire. En este caso no procedió tan sólo por instrospección, sino que intervino también una situación experimental particular, mediante la cual se produjo la generalización. Ahora bien, la gran debilidad del pensamiento filosófico tradicional se da precisamente en esta voluntad suya de limitarse siempre a métodos de introspección o de pura autorreflexión, que se detienen ante una especie de «muro», una censura que nos impide comprender nuestra estructura. Por el mismo motivo somos conscientes de los mecanismos de la digestión o del latir del corazón, pero únicamente en condiciones patológicas. En cierto modo, la aportación de la experiencia *externa, cuando es significativa,* consiste precisamente en hacer posible una experiencia *interna* que dé nueva información acerca de nuestra estructura y sobre nuestras posibilidades de conocer.

Una concepción del papel de la experiencia bastante diferente de la positivista tradicional...

La concepción positivista contiene, en mi opinión, un grave error: puede llegar a la insignificancia. Si nos limitamos a describir la realidad, no se plantea ningún obstáculo. Pero el problema no es describir la realidad, sino aislar en ella lo que tiene sentido *para nosotros, lo que es sorprendente en el conjunto de los hechos.* Si los hechos no nos sorprenden, no aportarán ningún elemento nuevo a la comprensión del universo. Lo mismo da ignorarlos.

Los experimentalistas a ultranza podrían rebatir que, a fuerza de hacer más y más sutil la investigación, cabe esperar que por fin se llegue a un elemento sorprendente...

Sí, pero entonces habrá que ser capaz de reconocerlo, es decir de ver en él el carácter sorprendente, lo cual no es posible si no se tiene ya una teoría disponible. Yo mismo me quedo estupefacto ante el modo en que los biólogos actúan, por ejemplo, en las cuestiones de biología molecular. El comportamiento de las macromoléculas es algo extraordinariamente sorprendente, y sin embargo, cuando se lee lo que normalmente publican los biólogos, da la sensación de que lo encuentran perfectamente natural. En la duplicación del DNA, en la forma en que la doble hélice se escinde y los dos filamentos se separan para situarse luego en dos membranas nucleares distintas[13], etc., en todo eso no ven más que el trabajo de las enzimas, con las que creen explicarlo todo. Pero las cosas no suceden de esta manera, porque si dos enzimas llevan a cabo acciones contrastantes, hay que saber que una funciona en un cierto momento y la otra en otro. En otros términos, todo el problema de la organización espacio-temporal de estos procesos queda silenciado en esta «mitología enzimática». Así, pese a las concepciones suficientemente teóricas de que disponen, los biólogos no tienen conciencia del carácter sorprendente de estos procesos... y por otra parte, el carácter sorprendente de los hechos aparece, como decía antes, sólo a condición de disponer de una teoría que atraiga la atención sobre ello. Pero me parece que ya hemos hablado lo suficiente de todo esto. Quisiera pasar ahora a ciertas aplicaciones de la teoría de las catástrofes que considero especialmente «interesantes» en el sentido que he explicado...

Precisamente es la frontera de las aplicaciones más audaces lo que mejor contribuye a iluminar los rasgos generales de un «paradigma», especialmente si es centro de controversias...

Quisiera dar un primer ejemplo aportado por la geología. También aquí tiene valor la distinción entre aproximación «reduccionista» y «estructural», de la que ya hemos hablado[14]. Si una larga tradición —desde Aristóteles hasta D'Arcy Thompson— ha propuesto explicar las formas vivas recurriendo a «arquetipos» de naturaleza abstracta, también es cierto que en geofísica, en tectónica, en geomorfología, no carecería de interés una aproximación de este tipo.

Recientemente (1978) he publicado algo sobre la tectónica de placas[15], donde he interpretado las líneas de discontinuidad de la simetría de la corteza terrestre como un lugar de catástrofes, proporcionando un principio bastante parecido al principio de las catástrofes elementales.

En particular, he propuesto una teoría del vulcanismo que trata de explicar la presencia de volcanes en las fronteras *entre* placas (¡el vulcanismo *en el interior* de las placas me parece aún más difícil!).

Se trata de la intrusión de una metodología cualitativa en un campo que con frecuencia se plantea en términos de modelos cuantitativos...

Eso es. Muchos investigadores intentan una descripción global y exhaustiva del globo terrestre, con una evaluación cuantitativa «precisa» de parámetros como la presión, la temperatura, la composición química del magma, su viscosidad, etc., y no pocos estudiosos explican los efectos de éste o aquel agente erosivo sobre éste o aquel mineral utilizando modelos matemáticos muy refinados. Otros sin embargo, son menos ambiciosos: se esfuerzan por clasificar los accidentes morfológicos observados en una especie de taxonomía que no se arredra ante los fenómenos de convergencia: el mismo accidente morfológico puede observarse en los sustratos más diversos (por ejemplo: el punto triple entre placas se ve en la disposición en lastre de los suelos poligonales en un medio periglacial exactamente como las células de un epitelio en biología). Ante estos accidentes de naturaleza «ubicuista» importa, para mí, remontarse al tipo analógico de los mecanismos que los generan...

¿No se encuentra también aquí el dilema de toda teoría morfológica, el problema de la causalidad? Los accidentes morfológicos observados ¿desempeñan en realidad un papel causal en la evolución global del proceso, o son más bien simples síntomas planteados por los vínculos de lu situación global?

Este es el gran dilema de la física (interpretación de materia y radiación en relación con el espacio), en biología (los órganos son creados a menudo por una situación local, como en los fenómenos de regeneración, mientras en otras circunstancias la integridad funcional de los órganos es indispensable para el mantenimiento del equilibrio orgánico), etc. Hay que ser cauteloso con la causalidad: la idea de causa es engañosa, parece intuitivamente clara, mientras la realidad siempre está formada por una sutil red de interacciones. La aproximación «estructural», casi diría «platónica», trata de reintroducir la causalidad cada vez que consigue formarse una idea de los mecanismos subyacentes a los fenómenos, pero es muy prudente: a menos que se vea obligada, considera la morfología empírica tal como es, sin recurrir a una teoría causal *externa* al campo empírico dato o a «átomos» que pertenecen a un nivel de organización *más pequeño*. Por el contrario, los reduccionistas son gente con prisa: quieren predecir de inmediato, es decir «localizar» la causa para actuar sobre ella...

La referencia a «arquetipos», tanto en embriología como en geología, suena un poco como un desafío a la racionalidad contemporánea. Después de tanto hablar de la «ruptura epistemológica» de Galileo, Descartes, Newton, ¿no se vuelve a una especie de «filosofía de la naturaleza»?

Precisamente con Goethe y los *Naturphilosophen* apareció la tendencia a designar con el término «arquetipo» la imagen original *(Urbild)* de complejas estructuras concretas acabadas tanto en el mundo orgánico (la pata, el ala, la hoja, etc.) como en el inorgánico. En el psicoanálisis junguiano, más adelante, los arquetipos se han tratado casi como individuos dotados de subjetividad.

Está claro entonces que, si queremos devolver a la noción de arquetipo un estatuto científico, debemos definirla ante todo en situaciones simples, más bien abstractas... Aristóteles decía que en el desarrollo embriológico las estructuras se desarrollan de lo abstracto a lo concreto...

Veamos el ejemplo.

He aquí un caso bastante típico. La mayor parte de los animales presenta una embriología «triblástica»: el desarrollo se produce a partir de tres tejidos fundamentales: endodermo, mesodermo, exodermo[16]. El endodermo da lugar a la mucosa intestinal y a diversas glándulas digestivas, como el hígado; el mesodermo constituye huesos, músculos, sangre, corazón, sistema vascular y órganos de secreción; el exodermo da origen a la piel, a los órganos sensoriales y al sistema nervioso. Estoy tentado de identificar esta estructura ternaria de la embriología, que se da en particular en los vertebrados, con la estructura ternaria —sujeto, verbo, objeto— de la frase transitiva, del tipo «el gato se come al ratón». Ya que el mesodermo constituye huesos y músculos, su identificación con la categoría gramatical del verbo es inmediata; se mantiene, sin embargo, una cierta ambigüedad en lo que respecta a la correspondencia entre sujeto/objeto y endodermo/exodermo, pero me parece legítimo finalmente, hacer del endodermo el sujeto, asimilando toda acción a una depredación: es la mucosa intestinal, de origen endodérmico, la que asimila la presa después de la digestión. Por otra parte, la asociación objeto (presa) —exodermo queda justificada por el hecho de que es el exodermo el que fabrica el tejido nervioso; ahora bien, en los vertebrados, el sistema nervioso es un órgano que, por así decirlo, simula la situación del mundo exterior y contiene, como moldes, las formas de las presas.

Se trata en todo caso, de una metáfora...

Sí, pero una metáfora que tiene sentido. Puede hacer viable una embriología comparada de los vertebrados y de los insectos, por ejemplo. Entre los insectos no hay prácticamente endodermo. La estructura ternaria de la síntesis sujeto-verbo-objeto debe aquí identificarse al principio de la embriología con exodermo-mesodermo-vitelio...[17].

¿Cómo interpretar esta diferencia? En mi opinión hay que adoptar un cambio total de estrategia en materia de regulación. Mientras el insecto se encierra en su caparazón, de origen exodérmico, sin componente mesodérmica, como rechazando el mundo externo —como si se viese afectado por una especie de complejo «línea Maginot»—, el vertebrado exhibe una «filosofía de la vida» completamente distinta: consagra la parte principal de su tejido periférico (exodérmico) a la simulación del mundo exterior. La pared que lo separa del exterior, la piel, tiene una componente mesodérmica: su piel es, pues, la frontera fluctuante, continuamente regenerada en que se desencadena el conflicto entre el organismo y el mundo exterior.

Así pues, debemos concluir con Goethe y Geoffroy Saint-Hilaire[18] que existe un plan general de la naturaleza?

Un plan, no *el* plan. La idea de un plan general del organismo conserva hoy su validez, no debemos abandonar la unicidad de tal plan. Los grandes planes de la organización animal corresponden a grandes opciones de la regulación del ser vivo. Tal regulación le permite al animal ser algo distinto de sí: éste es el llamado vínculo de la *alienación primitiva.*

Entre los insectos este vínculo cumple una función muy secundaria, pero entre los vertebrados se impone inmediatamente y alcanza su máximo en el hombre. La conciencia, de hecho es siempre conciencia no del *ego,* de este fantasma filosófico, sino de algo externo, localizado en el espacio y en el tiempo.

De este modo, invirtiendo una tendencia bastante consolidada, la explicación se vuelve «analógica»...

Así es. Creo que en cierto sentido la teoría de las catástrofes podría entenderse como una primera sistematización, bastante general, de la analogía...

Es decir, una teoría de la analogía, quizá la primera desde Aristóteles...

Es lo que he dicho en muchas ocasiones, y es una afirmación que Smale me ha reprochado mucho en un artículo suyo. Sin embargo, creo que se trata de un punto de vista que, históricamente, se puede defender. No ha habido una auténtica teoría de la analogía después de Aristóteles, mientras la teoría de las catástrofes permite abarcar la analogía en muchas formas. La analogía por ejemplo, sobreentiende, en cierto sentido, las categorías y las funciones gramaticales: cuando se definen las grandes categorías gramaticales, como el nombre o el verbo, lo que crea la unidad de las categorías es precisamente un cierto tipo de analogía. El verbo describirá, en general, un proceso en el tiempo; el nombre, a su vez, describirá un objeto atemporal. Ya en la definición de las grandes categorías gramaticales opera una cierta teoría de la analogía que yo me esfuerzo en explicitar, *haciendo*, donde es posible, *consciente lo que actúa de una forma no consciente* en los mecanismos de la analogía. Sigo ocupándome de estos problemas, y también de problemas de lingüística general, pero confieso que no he hecho grandes progresos en esta dirección, porque el problema no es simple. He propuesto a los lingüistas ideas que consideraba muy interesantes, pero no he conseguido convencer a los especialistas. Pensaba, *a priori*, que los lingüistas serían más receptivos que los biólogos, pero he tenido una desilusión, por lo menos en lo que se refiere a Francia (fuera, sin embargo, las cosas han ido de otra manera).

¿Por qué? ¿Qué opinión le merecen los lingüistas franceses?

La situación de la lingüística en Francia, sobre todo desde el punto de vista sociológico, es un auténtico desastre. Hay una miríada de pequeñas «iglesias»: los chomskianos, los funcionalistas, y así sucesivamente... Parroquias que tienen sus revistas, en las que se publican artículos cuyo único propósito es demoler las tesis de las «sectas» rivales. Lo peor es que, en realidad, están de acuerdo en las cuestiones de fondo, por lo cual las únicas diferencias se refieren a cuestiones de terminología o de notación. Esta situación testimonia el hecho de que la lingüística, a pesar de sus pretensiones de cientificidad, no se ha consolidado de hecho en este sentido.

Siempre me ha sorprendido este carácter «feudal» de la mayor parte de las ciencias humanas. Una situación que no es ni de lejos comparable a la de las matemáticas: en este campo, afortunadamente, no existe feudalismo alguno; hay rivalidades, evidentemente, entre las distintas especialidades, pero no tienen el carácter de «lucha organizada» que es característico de las ciencias humanas.

Pero ¿qué razones específicas ve usted en el rechazo de su propuesta por parte de este «nuevo feudalismo»?

Es una reacción bastante parecida a la de los biólogos de los que hablábamos antes, y creo que también las razones son las mismas. Los biólogos están interesados por los mecanismos visibles, los *mecanismos de superficie* —aunque parezca raro hablar de los cromosomas o del DNA como mecanismos de superficie. Del mismo modo, los lingüistas se interesan por la morfología lingüística tal como aparece en un análisis inmediato. Pero las llamadas «estructuras profundas», incluso en la teoría transformacionista, no resultan ser tan profundas. No son más que clases de equivalencia entre estructuras de superficie a través de transformaciones relativamente banales. Por el contrario, según mi opinión, sería mucho más interesante poner en evidencia la dinámica generadora de las estructuras profundas, exactamente como en biología sería interesante poner en evidencia los procesos dinámicos que generan las morfologías bioquímicas que estudian los biólogos.

Desgraciadamente falta, sin embargo, un bagaje conceptual adecuado. Creo que es una cuestión de tiempo: ¡es normal que las ideas encuentren dificultades para abrirse camino!

¿Excluye entonces convergencias, por ejemplo, con los chomskianos, sobre puntos específicos de la gramática transformacional?

142

Acepto los formalismos de las gramáticas transformacionales, aunque no comparto la presentación.

Se trata de una cuestión técnica: en una frase transitiva del tipo sujeto-verbo-objeto la gramática transformacional clásica distinguirá un sintagma correspondiente al sujeto y un sintagma verbal que se descompone en verbo y objeto. Pues bien, pienso que este tipo de descomposición es bastante arbitrario. Estoy de acuerdo con Tesnière[19] en decir que el sujeto y el objeto son entidades de la misma naturaleza; cumplen papeles que pueden ser asimétricos con respecto al verbo y que, de algún modo, conducen a ponerlas en un mismo plano frente al verbo. Por tal razón, subordinar el objeto al verbo de forma mucho más rigurosa que el sujeto me parece más bien arbitrario. Me parece que en esta forma de proceder hay un residuo del viejo logicismo, que consiste en decir que una proposición resulta de la atribución de un predicado a una substancia. Cuando se dice, por ejemplo, «Pedro pega a Pablo» habría que entender «Pedro está pegándole a Pablo»: una transformación, ésta, que no me parece del todo justificada. Creo que el verbo «pegar» es un verbo que exige un sujeto y un objeto y que no hay razón para pensar que haya un predicado global que califique el nombre «Pedro».

En la lógica formal, sin embargo, hay teorías de las relaciones que parecen adecuadas a este propósito.

Es verdad; se puede pensar que un verbo define algo como una relación, pero entonces el problema consiste en comprender por qué estas relaciones se ven tan limitadas en el número de puntos que rigen. Tesnière había propuesto en los años cincuenta una teoría en la que sostenía que todo verbo tenía una valencia. Existen según ella los verbos de valencia cero, los impersonales (como «llueve»); los verbos monovalentes, con un sujeto y sin complemento, (como «correr»); los verbos bivalentes (como «pegar»); los verbos trivalentes, con un sujeto y un complemento de atribución relativo (como «dar»); etc. Con esta idea de valencia, Tesnière podía clasificar los tipos sintácticos de los verbos de una forma razonable. Yo estoy de acuerdo con su teoría y creo que las relaciones discretas de los verbos se asocian con morfologías espacio-temporales bien definidas, que se pueden justificar en términos de catástrofes elementales.

Además, su misma estabilidad interna puede justificarse desde el punto de vista de las catástrofes. Claro que el universo lingüístico tiene su propia especificidad, es distinto del mundo físico.

Esta manera de ver las cosas es, en todo caso, bastante satisfactoria, ya que conduce a una buena teoría de las declinaciones, de los casos.

Se podría pensar que existe una teoría universal de la declinación que comporta, digamos, un cierto número de casos fundamentales (generalmente siete), eventualmente modulados por consideraciones localizadoras que, en determinadas lenguas, permiten construir un número mayor de casos. En las lenguas caucásicas, por ejemplo, parece que hay una cincuentena (pero sería un abuso poner este ejemplo en la base de la definición de los casos). Se trata más bien de modulaciones de superficie de casos fundamentales que se encuentran en las lenguas indoeuropeas: nominativo, acusativo, dativo, genitivo, ablativo, instrumental y locativo. Quizá pueda parecer un poco egocéntrico plantear las cosas de este modo, pero estoy convencido de que hay algo bastante universal en este elenco. Una vez dada esta teoría de la declinación verbal, queda por ver si permite, de hecho, el desarrollo de una teoría de la analogía.

La primera definición aristotélica de la analogía es una proporción de cuatro términos, del mismo tipo de la proposición matemática $A/B = C/D$.

Tomemos un ejemplo simple, la analogía aristotélica[20] en forma de proporción: vejez/vida = noche/día. Esta se puede concentrar en la metáfora «la vejez es la noche de la vida». La relación que une los términos de esta proporción es una relación de carácter verbal, vinculada al verbo «finalizar»: la vejez es el *fin de* la vida y la noche es el *fin del* día. Aquí tenemos una relación expresada gramaticalmente con un genitivo que, de algún modo, contiene implícitamente el verbo «finalizar». Y por otra parte es sabido que un genitivo contiene un vínculo verbal implícito, como ha demostrado Emile Benveniste[21]. En el caso particular de esta proporción aristotélica, el verbo implícito es «finalizar», un verbo evidentemente relacionado con las catástrofes elementales... Desde este punto de vista, opino que los grandes casos que aparecen en la declinación pueden estar re-

144

lacionados con ciertas trayectorias del despliegue de las catástrofes elementales, trayectorias que presentan a la vez propiedades de estabilidad y de especificidad ligadas a vínculos lingüísticos.

En el ejemplo considerado la analogía se encuentra en el concepto de fin, de muerte. ¿Cómo es posible geometrizarlo?

Podemos representar geométricamente este concepto con la extremidad (o *borde*) de un segmento llevado sobre el eje del tiempo. Tenemos entonces un ente geométrico-algebraico (el borde definido en la parte negativa del eje $O\,x$ por la desigualdad $x \leq O$) que viene situado en dos substratos diferentes, por una parte la vida, el día por otra, en forma de tiempo.

En mi opinión, una amplia clase de analogías pueden representarse de este modo: un ente geométrico-algebraico —un *logos,* un «arquetipo» si se quiere— se sitúa en dos substratos diferentes; define así un reparto de los espacios substratos en dominios que lingüísticamente definen los «actuantes»; las respectivas disposiciones de éstos en dos substratos, resultan, finalmente, geométricamente isomorfas. Este último hecho es el que expresa precisamente la analogía.

Entonces, ¿qué es un logos?

Es esencialmente una situación dinámica de conflicto entre «actuantes» que han de repartirse un espacio substrato. Cualquier morfología es el resultado de un conflicto.

He propuesto ver en las estructuras sintácticas del lenguaje (la estructura en forma de árbol de la gramática generativa) una imagen, simplificada y empobrecida, de las interacciones dinámicas más usuales del espacio-tiempo. El lenguaje se reduce así al resultado de una intrusión en el microcosmos a través de una especie de espejo-filtro simplificador de los conflictos más habituales que se desarrollan en el macrocosmos.

El propósito de la teoría de las catástrofes es, así, la clasificación de estos *logoi,* es decir de todos los posibles tipos de situaciones análogas. Pero debo decir inmediatamente que por ahora sólo tenemos el esbozo de un programa: los únicos *logoi* arquetipos bastante conocidos son los de las «catástrofes elementales», relacionados con aquellos entes algebraicos relativamente simples que son las singularidades de un potencial que se despliegan en un espacio substrato.

Estos arquetipos corresponden siempre a la categoría gramatical del verbo (como el verbo *finalizar* del ejemplo de Aristóteles que hemos recordado antes). Pero ciertas analogías apelan a la categoría lingüística del substantivo, como en el caso de la tan conocida analogía spenceriana que asimila la *sociedad* a un *organismo viviente*[22].

El problema que se plantea en una situación de este tipo es el de aclarar lo que hace que estos substantivos tengan, por así decirlo, mecanismos de regulación en cierta medida comparables entre sí.

En mi opinión, un substantivo corresponde mentalmente a un concepto y un concepto debe considerarse como una especie de ser vivo, como un organismo que vive de algún modo, con un determinado cuerpo, en el espacio semántico. Este «cuerpo» tiene una frontera y el concepto tiene mecanismos de regulación, de homeóstasis, que le permiten resistir frente a las «agresiones» de los conceptos circundantes. En general, son precisamente estos mecanismos los que son destruidos por los verbos y el conjunto de estos procesos de regulación es lo que permite definir la naturaleza semántica del concepto. Más precisamente, la naturaleza semántica del concepto, es decir su significado, proviene por una parte de la totalidad de los mecanismos de regulación del concepto y por otra de la naturaleza del espacio substrato, que es un espacio semántico específico.

Así pues, para definir el significado de un concepto hay que dar su espacio substrato —en la totalidad de los espacios semánticos que nuestro espíritu es capaz de conocer— y el conjunto de los mecanismos de regulación que actúan en tal espacio substrato. Se puede decir entonces que dos conceptos, aunque dispuestos en espacios semánticos diferentes, presentan una analogía si sus mecanismos de regulación son isomorfos o apelan a estructuras isomorfas. Evidentemente es lo que sucede en la relación spenceriana organismo-sociedad a que antes aludía. En este caso las analogías resultan bastante evidentes: el *organismo,* por ejemplo, regula su forma espacial por regeneración, así como la *sociedad* mantiene o trata de mantener su territorio contra las agresiones de elementos exteriores. También hay analogías en cuanto a la organización interna: así como el organismo está formado por órganos distintos, cada uno de ellos dotado de una función, asimismo una sociedad presenta, en general, una estructura subdividida en clases, cada una de las cuales tiene una función económico-política diferente, y así sucesivamente.

¿Hasta qué punto se puede llevar una analogía de este tipo?

Hay unos límites. Por ejemplo, un organismo vivo se reproduce espacialmente, mientras que una sociedad no se reproduce de un modo sistemático. Así pues, la analogía existe, pero es muy difícil explicitarla, por lo menos a falta de una descripción suficientemente precisa de la totalidad de los mecanismos de regulación de los conceptos. Ahí es donde aparece en toda su amplitud el problema de la semántica. Este problema, en mi opinión, es doble: ante todo hay que dilucidar la naturaleza de los espacios substratos que contienen los conceptos y en segundo lugar hay que estar en situación de especificar cómo se generan, cómo se construyen las estructuras de regulación que garantizan la homeóstasis de estos conceptos. Es evidente que se trata de un problema inmenso, pero si se quiere hacer frente al problema de la semántica no se pueden rehuir cuestiones de este tipo: tarde o temprano, habrá que pasar por ahí.

Añadamos en un inciso que es un camino a recorrer también en epistemología; pensemos en el papel de la analogía en la investigación científica.

Sí, claro, pero muchos científicos desconfían de la analogía, que consideran gratuita o demasiado audaz. Otros, como K. Lorenz, no dudan en afirmar que, en todo caso y por definición, cualquier analogía es verdadera. ¿Cuál es, pues, la respuesta? En mi opinión, una analogía, una vez formalizada, es decir vinculada a un *logos* arquetipo bien definido, es necesariamente verdadera. Pero entonces interesa bien poco, aparte de la posibilidad de hacer metáforas más o menos poéticas. Si, por el contrario, la analogía no se puede formalizar, entonces es necesariamente conjetural y audaz. Precisamente por eso puede llevar a consecuencias nuevas e imprevistas. No existe sin embargo certeza alguna de que la analogía funcione: o la analogía es verdadera, y entonces es estéril; o es audaz, y entonces puede ser fecunda. Sólo corriendo el riesgo del error se puede dar con lo nuevo.

Pero, volvamos a esta ciencia que no es ciencia, la lingüística, es decir a la gramática universal...

En lo que se refiere a la gramática universal he propuesto inicialmente ordenar las categorías gramaticales según ciertos parámetros continuos, como, por ejemplo, la densidad semántica. En un artículo primerizo mío, «Sur la typologie des langues naturelles»[23] sugería considerar nombre, adjetivo, verbo, etc., como categorías ordenables «por densidad semántica decreciente». En un artículo posterior[24], y gracias también a algunas observaciones de Hans Jakob Seiler, de la Universidad de Colonia, me declaré convencido de que cualquier sistematización de categorías gramaticales pasa a través de un doble sistema de dos parámetros que se deben poder aplicar en un plano. A eso es a lo que llamé «la doble dimensión de la gramática universal» (véase fig. 12).

Puede ser interesante saber cuáles son los gradientes que aparecen: por una parte, el eje *Ox*, que va desde la *cosa en sí* al *emisor*, por otra, el eje *Oy*, que representa la complejidad semántica de los conceptos.

En el eje *Ox* están representados los aspectos que el lingüista Kenneth L. Pike llama respectivamente *émico* y *ético;* el aspecto émico es el aspecto de la cosa en sí, mientras que el ético es el aspecto de la cosa tal como la entiende el hablante. La idea que está en la base de este eje *Ox*, brevemente, es ésta: un concepto, como ya he dicho, es una especie de organismo que tiene su propia regulación; defiende su significado de las agresiones del ambiente a través de mecanismos bastante parecidos a los de un ser vivo. El significado de un concepto, por lo tanto, es algo autónomo, temporalmente invariable y no localizado. Otras funciones gramaticales, sin embargo, tienen características opuestas. Si se consideran, por ejemplo, los demostrativos en «esta mesa» o en «este individuo», está claro que la palabra *esto* se ve siempre acompañada idealmente por el gesto indicativo; digo «esta mesa» y la mesa se encuentra en la prolongación del índice con el cual señalo el objeto. Así, el significado de «esto» (y de formas gramaticales del mismo tipo) no es algo vinculado de una forma canónica a la palabra (como

148

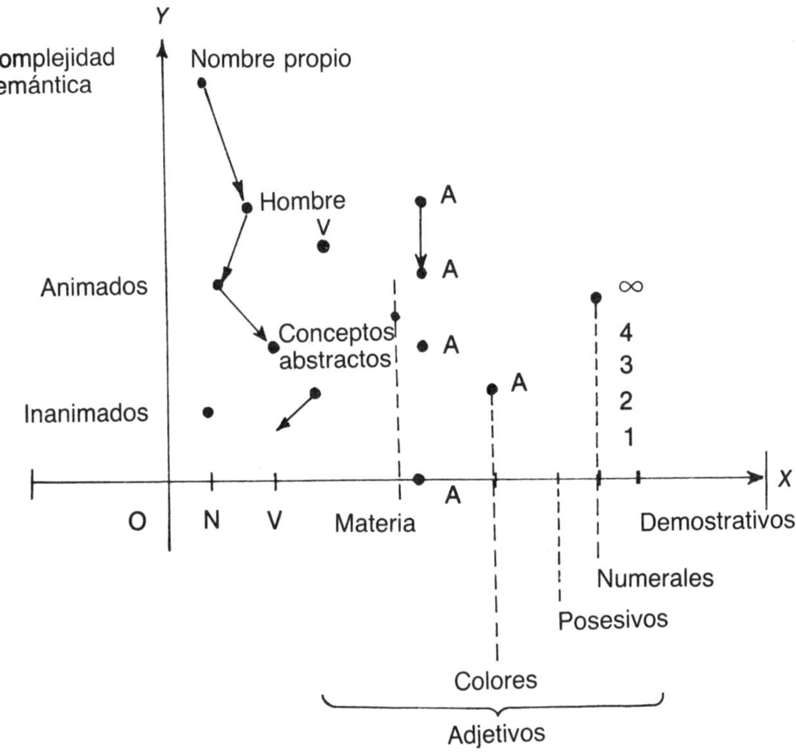

Fig. 12 La doble dimensión de la gramática universal. N, V, A abrevian, repectivamente, nombre, verbo, adjetivo.

ocurre en ocasiones en el caso del substantivo), sino que más bien es un significado ligado a una situación específica, a una *posición* específica de nuestro cuerpo; es algo, pues, que depende de la actividad lingüística del hablante.

Estos dos polos opuestos constituyen precisamente los extremos del eje *Ox*. En el origen están los nombres, los substantivos, que tienen un significado intrínseco independiente de la actividad del locutor; en el otro extremo están los demostrativos, cuyo significado depende de manera fundamental de tal actividad. Entre los dos extremos se sitúan las formas gramaticales intermedias, cuyo aspecto émico y ético se combinan en diversa medida; los verbos, que tienen en general significado intrínseco y que están temporalmente localizados (como ya he dicho, la acción verbal se desarrolla en el tiempo y por eso está más cerca de la situación vivida por el hablante); los adjetivos, que ponen en juego la apreciación subjetiva del locutor y que, en general, son susceptibles de gradación (en muchos casos, una cualidad puede estar más o menos «marcada»), resultando aún más próximos a la actividad inmediata del lenguaje; y después los números, los artículos y, finalmente, los demostrativos. Se podrían añadir las cópulas lógicas como *o* e *y*, que tiene un significado puramente combinatorio, ligado a situaciones lingüísticas preexistentes, pero creo que la disposición de las formas gramaticales en el eje *Ox*, que va de la cosa en sí al locutor, queda ya bastante clara.

Pasemos al eje Oy...

El eje *Oy* representa la «complejidad semántica» de los conceptos. Un concepto es tanto más complejo cuantos más espacios fibrados, unos sobre otros, se requieren para su regulación. Tomemos uno de los ejemplos más complejos de concepto, el concepto de «hombre».

La regulación del hombre, como ser viviente, requiere ante todo la regulación biológica —las actividades fisiológicas como dormir, respirar, beber, etc.—; y por encima de este espacio fisiológico hay que considerar el espacio de las actividades mentales, como pensar, meditar, creer, reír, llorar, etc. Está claro que para organizar todas estas actividades hace falta una gran número de espacios que, por otra parte, son muy difíciles de definir.

«Hombre» es, pues, un concepto extremadamente complejo, y para expresar todos los significados asociados a él hay que utilizar un gran número de verbos. Por el contrario, si se toma un concepto extremadamente simple y abstracto como «unidad», se ve enseguida que puede describirse geométricamente con un «pozo» parabólico de potencial. Entre «hombre» y «unidad» están todos los demás conceptos: partiendo de lo concreto, como por ejemplo los nombres propios, se va descendiendo hacia lo abstracto: éstos son los dos extremos del eje *Oy*.

¿Cuál es, pues, el sentido comprehensivo de esta representación Ox, Oy?

Aristóteles ha diferenciado dos tipos de predicado, *legetai tinos* y *einai en tini;* nuestros dos ejes *Ox* y *Oy* están directamente vinculados a ellos. El predicado del primer tipo no aporta ningún elemento nuevo de información, sino que explicita más bien la estructura del lenguaje: así ocurre, por ejemplo, cuando decimos «Pablo es un hombre» o cuando Aristóteles decía «la gramática es una ciencia». Por el contrario, al considerar un predicado del tipo «el cielo es azul», está claro que en este caso atribuimos un accidente a la substancia «cielo» y, por tanto, una predicación de este tipo tiene un alcance ontológico, dice algo acerca de la realidad.

En mi esquema general (véase fig. 12), este último tipo de predicación puede quedar representado por una flecha horizontal paralela al eje *Ox*, que va desde la cosa en sí hasta el hablante. A través de una especie de túnel, la cosa en sí se sitúa en un cráter de potencial y el hablante en un cráter situado en el otro extremo. El «túnel» que permite pasar de uno a otro es precisamente el predicado; los predicados son «umbrales» que permiten la comunicación de la cosa en sí con el hablante, y precisamente por esta razón el hablante recibe un *quantum* de información que puede utilizar para su propia regulación. Dicho brevemente, éste es mi esquema de la actividad lingüística.

El esquema que ha propuesto para los conceptos del lenguaje ¿puede aplicarse también al lenguaje científico?

Creo que sí. Yo diría que funciona también en matemáticas. ¿Por qué no?

¿Un ejemplo?

He aquí un ejemplo que aprecio mucho, aunque no se trata de un concepto sino de una operación: la suma aritmética. Los lógicos han definido la aritmética inductivamente, mediante la definición axiomática de los sucesores de 1...

El sistema de Peano...

Eso es, el sistema de Peano[25]. Creo sin embargo, que se trata de una presentación artificiosa. La definición de la suma, como yo la entiendo, corresponde a la situación en que se da la catástrofe elemental de captura de un pozo de potencial por parte de otro, como en la cúspide. En todo pozo de potencial hay objetos que se pueden considerar como sólidos, en el sentido de que no pueden mezclarse. En el proceso de captura, pues, los objetos contenidos en un pozo de potencial penetran en el otro y no hay que hacer más que contar el número de los objetos que hay después de la captura. Es en parte como aquello que se les enseñaba a los niños: para sumar los huevos de dos cestos se pone el contenido de uno en el otro.

Todo está ahí ya: la adición se define recurriendo a un proceso fundamentalmente continuo y sólo artificialmente se realiza una operación definida de forma abstracta y discreta. El proceso generador subyacente es continuo. Y, por otra parte, esto no sirve sólo para la adición. En general, creo que las únicas estructuras matemáticas interesantes, dotadas de una cierta legitimidad, son las estructuras que tienen una realización natural en el continuo. Las estructuras discretas, pues, no son interesantes para mí más que en la medida en que pueden quedar inmersas, de algún modo, en el continuo. Lo que hace, por ejemplo, que el infinito numerable tenga sentido, pese al hecho de que se trata de un infinito que no se puede agotar, es el hecho de poder sumergirlo de una forma canónica en un segmento de longitud finita; ello queda muy bien expresado en las conocidas paradojas de los eleatas.

Tomemos la serie $\frac{1}{2} + \frac{1}{4} + \frac{1}{8} + \ldots$ es decir $\sum_{n=1}^{\infty} \frac{1}{2^n}$ que notoriamente converge en 1. De este modo se obtendrá el segmento limitado $[0, 1]$; se podrá sumergir canónicamente el infinito numerable en tal segmento y dar así una justificación al infinito numerable.

Un punto de vista bastante diferente del tradicional...

Una auténtica inversión, diría yo... Según el punto de vista tradicional, el continuo se construye a partir del numerable por compleción o mediante el procedimiento de Dedekind[26]. Pero yo pienso que es al revés: el infinito numerable es lo que queda justificado por su inmersión en el continuo.

Es cierto. Y la mejor prueba de ello es que se trata de una operación que se desarrolla en el tiempo; y el tiempo es continuo. Antes se hablaba de complejidad semántica, pero en el caso de los números cardinales la complejidad semántica del entero *n* es su propio valor, por lo menos desde el punto de vista de la escala aritmética normal. Es verdad que la belleza de la teoría de los números es que esta escala normal —1, 2, 3, 4, ...— puede sustituirse con muchos otros órdenes diferentes, como por ejemplo los números primos u otros de este tipo. Por otra parte, toda la teoría de los números gira alrededor de las relaciones entre los distintos tipos de orden que se pueden atribuir a los números enteros. También en este caso estoy convencido de que las estructuras más discretas surgen a partir de una especie de generación continua subyacente. Como se ve muy bien, por lo demás, en teorías puramente algebraicas, como la teoría de los grupos abstractos, en que se dan grupos más o menos extraños que aparecen como grupos de automorfismos de figuras continuas.

¿Cómo explica entonces la tendencia de los matemáticos a interesarse por la matemática finita?

No me parece, por ejemplo, que la teoría de los grafos (finitos) tenga mucho peso dentro del *corpus* matemático. Basta utilizar uno de los criterios preferidos por Dieudonné para darse cuenta de que el porcentaje de artículos publicados acerca de la teoría de los grafos no es superior al 1 %. Lo que siempre me ha sorprendido, por otra parte, es que en la teoría de los grafos —y más ampliamente en el llamado análisis combinatorio— no exista un problema central.

Lo que hay más bien es una miríada de rompecabezas que con frecuencia no son más que curiosidades (como el problema del viajante de comercio o el de los grafos hamiltonianos)[27]. No conseguimos comprender si hay o no un principio generador; tengo la impresión de que de hecho no lo hay.

¿Qué es lo que piensa entonces de la mecánica combinatoria?[28].

Pienso que en mecánica combinatoria hay problemas interesantes, problemas legítimos y naturales. Basta pensar en los problemas suscitados por la mecánica estadística: cuando se desea estudiar las colisiones de las moléculas, su configuración, se usa estadística, grafos, y no cabe duda de que se hacen consideraciones interesantes. Entre otras cosas, no queda excluido que se den analogías más bien profundas entre la teoría de las singularidades y algunos problemas de la teoría de los grafos. Pero no es cuestión de que nos detengamos ahora en cuestiones técnicas.

Pero grafos, redes y árboles le interesan ahora en más de un aspecto...

Aprovecho la ocasión para hablar de algunas investigaciones que no he publicado nunca y que quizá podrían tener aplicaciones interesantes.

Se trata de métodos que consisten, dado un proceso descrito lingüísticamente, en asociarles un grafo orientado. Más precisamente: en un proceso descrito lingüísticamente hay unos actuantes; en el proceso espacio-temporal cada actuante es una esfera abierta del espacio; las interacciones entre actuantes se pueden definir como contactos entre estas esferas abiertas[29]. Si en un momento dado se contrae alguna esfera abierta en un cierto número de puntos, se puede describir un gran grafo en el que se dan zonas de contacto entre interagentes, cada una de las cuales corresponde a un cierto tipo de interacción descrita por un verbo, como «amar a alguien», «matar a alguien», etc. He sugerido que se pueden asociar grafos a los verbos que describen procesos espacio-temporales, y estos grafos, a los que he dado el nombre de «grafos arquetipos», existen en número finito: alrededor de dieciséis.

Sin entrar en detalles, lo interesante es que se puede intentar aplicar este tipo de técnica al análisis del recuento, al análisis de las tramas complejas. Es algo que me propuso un grupo de jóvenes investigadores: analizar las tramas complejas, como, por ejemplo, las de los «folletines» que en el siglo pasado se publicaban por capítulos, historias de las que se daba un capítulo diario y que seguían así durante años. La trama se seguía por capítulos y para mantener el interés había que inventar cada vez nuevos incidentes. Precisamente del análisis de este tipo de enredo he tratado de crear un procedimiento que permitiese analizar los argumentos en términos de un gran grafo. Cada personaje corresponde a una línea del grafo y las interacciones entre los personajes se describen mediante contactos entre las líneas. Si se quiere hacer un análisis completo de este tipo de argumentos, hay que distinguir dos tipos de relaciones entre los actuantes; las interacciones circunstanciales, definidas mediante los contactos a los que antes aludía, que son relaciones temporales y locales descritas por el verbo; las relaciones institucionales, como por ejemplo los lazos de parentesco (Juan hijo de Pablo), de dependencia o de empleo (Pedro servidor de Andrés); y otras del mismo tipo.

Una vez efectuada esta distinción, se descompone el grafo así obtenido en una familia de subgrafos, cada uno de los cuales tiene una cierta autonomía semántica en tanto que narración: cada grafo es una especie de subhistoria que mantiene su independencia con respecto a las demás. El esquema general de la subhistoria es el reconocimiento: dos individuos que se han conocido en la infancia se ven separados por las circunstancias de la vida, se pierden de vista y sólo mucho tiempo después vuelven a encontrarse, pero sin reconocerse. La historia acaba con el reconocimiento como catástrofe final. Este es el tipo de enredo elemental que se encuentra con mucha frecuencia en el folletín. De lo que se trata es de dar de él una tipología: se descompone la historia en un conjunto de subhistorias, cada una de las cuales es una célula narrativa, y todas estas células forman, metafóricamente, una gran planta que se ramifica; en la base están los héroes principales (que en general aparecen los primeros y mueren los últimos) y luego, a partir de la base, se elaboran los actuantes secundarios, mediante un proceso de generación de las células secundarias *que están ligadas entre sí por vínculos institucionales* (si por ejemplo Pedro es el actuante principal de la célula *A,* la célula *A* podrá dar origen a la célula *B,* cuyo actuante principal será el hijo de Pedro), hasta llegar, siguiendo con nuestra metáfora, a las hojas del árbol, que constituye lo que denominaría la *couche extremale* de la historia. Esta es una metáfora que me sugirió un botánico de Montpellier, de quien no recuerdo el nombre, que propuso una clasificación de la morfología de los árboles en un cierto número de tipos, observando que el árbol alcanza su forma adulta por ramificaciones sucesivas, hasta el momento en que la sexualidad, es decir la *aparición de las flores,* detiene el crecimiento. Pues bien, yo creo que en una historia ocurre exactamente lo mismo: la historia se detiene cuando aparecen las células (extremas) que contienen, de algún modo, su mensaje. O mejor aún: la historia no se detiene, sino que *refluye,* volviendo a descender, si así puede decirse, hacia la célula central en que se inició.

El mismo esquema sirve también para la novela policíaca: un individuo marginal, con su actividad egocéntrica, produce daños a su alrededor; desarrolla de este modo su esfera de influencia en la sociedad hasta chocar con ésta, la cual, por fin, con la intervención de la policía, le destroza. Es cierto que la novela policíaca puede considerarse como una historia moral desde el momento en que la policía es siempre buena; pero junto a este mensaje banal, en el que la sociedad prevalece sobre el marginado, hay otro mensaje, subyacente, que viene dado por el delito extremo llevado a cabo por el asesino, que precisamente desde ese momento entra en conflicto con la sociedad. Es precisamente en el conflicto de esta doble moralidad donde reside la fascinación de la novela policíaca.

En todo caso, es un intento que todavía hay que llevar a cabo...

La geometrización del significado de la que ha hablado en primer lugar, ¿se relaciona con esta tentativa?

Existe, en efecto, una relación. Una de las grandes dificultades de la semántica es que cuando se quiere analizar el significado se percibe el sentido, *se está en el sentido,* y por eso, de algún modo, *se está en el significado,* ya que se percibe como significante. Precisamente por esto, para conseguir un análisis objetivo del significado, un análisis científico, habría que poder abstraerlo a partir del sentido. Asimismo podemos mantener dos actitudes ante nuestro cuerpo: podemos por una parte considerarlo como el soporte de nuestra actividad vital y, por otra, como objeto de conocimiento científico, y en este último caso estamos obligados a matarnos, por decirlo de algún modo, a someternos al bisturí del cirujano que hará nuestra autopsia. Lo mismo hay que hacer en cuanto al significado: hay que objetivarlo como un objeto inerte. Precisamente en esto consiste el gran interés de la geometrización del significado. En la medida en que es posible geometrizar los procesos portadores de significado, volviéndolos inertes, éstos pueden someterse a una combinatoria que escapa completamente a las categorías tradicionales del sentido, y es precisamente este tipo de análisis lo que permite la geometrización vinculada a la teoría de las catástrofes. Se podría, por ejemplo, dar una descripción geométrico-algebraica del verbo «capturar»: un notable proceso conceptual, por lo menos en mi opinión. Este es también en el fondo, el espíritu de algunas modelizaciones de la teoría de las catástrofes, que han permitido geometrizar una vasta gama de fenómenos e incluso cualidades afectivas como la agresividad, el odio, el amor, etc.

Precisamente sobre este aspecto se han concentrado las críticas. Muchos consideran inútil este intento de geometrización, sobre todo en el caso de las cualidades afectivas o de situaciones antropomórficas de las que se tiene conciencia clara y de las que, en todo caso, la teoría de las catástrofes no proporciona un modelo cuantitativo que permita formular previsiones.

En efecto, ésta es una crítica que con frecuencia se me ha hecho. Pero la objeción es válida sólo si se quiere estudiar los fenómenos aisladamente: carece de valor si, en lugar de eso, se plantea desde un punto de vista filosófico, consistente en intentar, como decía antes, abstraerse del sentido, destruir el significado para estudiarlo objetivamente. Según este planteamiento, creo que la geometrización de los procesos significantes es algo en extremo interesante, porque permite romper la «circularidad semiótica».

De hecho, para romper esta circularidad del significante no se ha hecho más, hasta ahora, que decir que *un signo* se refiere siempre *a otro signo* y que, en consecuencia, de lo que se trata es de una «regresión infinita» de signos, los unos en relación con los otros.

Una especie de schlechte Unendlichkeit, *una «mala infinitud»...*

Eso es. Pero ésta es una actitud que no comparto. Yo creo que la mejor solución es la localización espacio-temporal.

Tomemos una frase simple del lenguaje cotidiano, como «Mi papá». En una frase de este tipo, constituida por un posesivo («mi») y por un nombre («papá»), el posesivo efectúa la localización espacio-temporal del nombre, de aquél a quien el nombre se refiere. Y esto sirve también para las frases que aparentemente son del tipo sujeto-predicado (o substancia-predicado), como «el cielo es azul». Ya que las cualidades son, en general, susceptibles de gradación, es decir que se definen por dominios en los espacios semánticos, siempre hay, en el contenido de un significado, un elemento de localización espacial; y es precisamente explicitándolo como probablemente conseguiremos comprender los mecanismos —semánticos y sintácticos— en que se basa la actividad lingüística... Por lo menos eso espero.

¿Algún ejemplo?

Los adjetivos de color. Es bien sabido que estos adjetivos varían de una comunidad a otra; estudios llevados a cabo sobre distintas lenguas han demostrado que los tipos de organización del espacio semántico de los colores (un espacio, como se sabe, de dimensión tres, con la curva del arcoiris dentro), descritos lingüísticamente por los adjetivos, son relativamente limitados. Un fenómeno muy interesante: con toda probabilidad, los cambios semánticos vinculados a nuestra estructura fisiológica tienen un número de formas de organización relativamente limitado. Con mucha frecuencia, por ejemplo, se pueden encontrar elementos invariables en los tipos de color; siempre hay un color que representa la sangre o la clorofila... Es verdad que se trata de un campo muy amplio, pero creo que si se hiciese un análisis en detalle de los procesos de la embriología, entendida no sólo como construcción del organismo, sino también, a la vez, como embriología funcional, se podría seguir el despliegue sucesivo de las distintas funciones en la maduración del sistema nervioso y de los órganos que tiene asociados; probablemente, se vería entonces construirse los espacios semánticos por exfoliación sucesiva a partir de un espacio primario, y si se pudiese seguir este desarrollo paso a paso se podría comprender cómo, por una parte, estos espacios se construyen como consecuencia de la organogénesis biológica y cómo, por otra, se estructuran como consecuencia de la adquisición del lenguaje.

¿Puede aclararlo?

Es sabido que, para que un niño sea intelectualmente normal, es necesario que empiece a hablar entre el año y los tres años, que aprenda una lengua. Esto puede deberse simplemente al hecho de que, si no se le habla a un niño a esta edad, los campos semánticos se exfolian uno a partir de otro mediante procesos de naturaleza embriológica, pero la organización de estos espacios semánticos en cuencas de atracción asociadas a nombres no se realiza. En tal caso, el niño se convierte en un *enfant loup*,[30] con características sensorio-motrices muy particulares. Parece por ejemplo, que los niños de este tipo tienen una sensibilidad extraordinaria para ciertos ruidos: el simple ruido de romper una nuez les fascina. Ello se debe probablemente a fenómenos de compensación. El hecho de que ciertas catástrofes no puedan ser nombradas provoca una gran fascinación en el psiquismo.

El ejemplo clarifica los mecanismos que están en el origen de lenguaje. Según mi teoría general del lenguaje, el animal es al principio un organismo constantemente fascinado por ciertas formas del mundo externo que tienen una extraordinaria capacidad de impregnancia: en especial las formas del depredador y de la presa. A partir del momento en que el depredador está hambriento, tiene la tendencia a ver presas por todas partes. Eso no es sólo cierto en el animal, sino también en el hombre. El hombre ha sido capaz de escapar a la fascinación de ciertas formas externas —conducente a una especie de alienación del psiquismo— a través de un proceso que es a la vez de amplificación y de atenuación. Es decir que ha dado impregnancia a formas que biológicamente no tenían ningún interés, consiguiendo por otra parte materializar, encarnar esta impregnancia artificial en un concepto representado por una palabra del lenguaje. En resumen, yo veo el lenguaje como la construcción de una especie de entidad intermedia entre el *verdadero yo (le vrai moi) y el yo externo (le moi autre)*, que es la presa (la presa es una entidad alienadora del verdadero yo). Para reconstruir el *verdadero yo*, para mantenerlo en presencia del *yo* alienante del mundo exterior, el psiquismo levanta una barrera, el lenguaje. Desde el momento en que se reconoce un objeto externo y se le puede asociar un nombre, su poder alienante cesa. El reconocimiento de un objeto es, por lo tanto, una manera de encarnarse en aquello que nos permite, a la vez, mantener nuestra autonomía.

Creo que el origen del lenguaje es precisamente éste: un proceso que permite disminuir el poder de fascinación de las formas externas, mediante la construcción de los conceptos.

¿De qué manera podemos hacernos una idea del origen del lenguaje en el hombre?

Desde que empecé a interesarme por la teoría de los signos, por la «semiótica», empecé a vislumbrar el mecanismo mediante el cual ha podido constituirse el lenguaje humano, a partir del sistema de comunicación animal.

Está claro que la noción de «significante», de forma portadora de sentido, existe ya en el animal.

¿Puede ser más preciso?

Decimos que una forma exterior es «impregnante» para un sujeto si la percepción de esta forma suscita en el sujeto reacciones psicofisiológicas de una cierta amplitud (como la forma de una presa para el depredador hambriento del que antes hablábamos). En este caso, las reacciones están caracterizadas por una atracción —o, por el contrario, por una repulsión— ante la forma impregnante. Hay que distinguir, sin embargo, estas grandes impregnancias biológicas, vinculadas a las grandes regulaciones del ser vivo, del carácter inmediatamente sorprendente de un estímulo sensorial, de aquello que algunos fisiólogos llaman *saillance*. Esta se relaciona con el carácter brusco, discontinuo del estímulo (por ejemplo, un fogonazo luminoso). En ese caso las reacciones neurofisiológicas son inmediatas y de una cierta amplitud, pero no son duraderas: además, no se dan por lo general reacciones motrices de atracción o repulsión, a no ser que se trate de la percepción de un cuerpo en movimiento, cuya trayectoria amenaza chocar con el organismo.

Dadas estas definiciones, ¿cómo se puede interpretar, por ejemplo, el clásico experimento del perro de Pavlov? En este experimento, cada vez que se le presenta al perro un suculento filete se hace que suene a la vez un timbre. Tras algunas repeticiones de esta coincidencia, el perro empieza a insalivar en cuanto oye el timbre, incluso en ausencia de la carne. Se puede entonces decir que la forma —dotada de *saillance* (en inglés, *salience*)— del sonido del timbre ha adquirido, por contigüidad espacio-temporal repetida con una forma inductora (la carne), la impregnancia biológica. Se dirá entonces que la impregnancia biológica tiende a contaminar por contigüidad espacio-temporal las formas «salientes», que a su vez podrán inducir por contigüidad formas inductoras secundarias... Así pues, habrá que ver la impregnancia biológica como un fluido erosivo que se insinúa en el campo fenoménico de las formas vividas (las formas «salientes») según los dos procesos clásicos: *contagio por contigüidad, contagio por similitud*. Quede bien entendido que si este mecanismo funcionase sin contrapartida, cualquier forma exterior se percibiría como una forma de presa (por ejemplo), con todas las consecuencias catastróficas que se pudieran derivar para el sujeto...

Entonces, ¿qué mecanismo de control permite evitar tal invasión?

En la práctica, sólo las formas fuente de una impregnancia biológica están relativamente bien «controladas»; las formas inducidas por un contacto accidental —como el sonido del timbre para el perro de Pavlov— pierden rápidamente su impregnancia si la asociación con la forma que es su fuente no se renueva.

Estos mecanismos, clásicos en los animales, ¿son válidos también para el hombre?

La presencia del lenguaje en el hombre ha modificado bastante profundamente el comportamiento del fluido «impregnancia» en el interior del psiquismo humano.

Pero se puede asumir como hipótesis general que cualquier sistema cultural de inteligibilidad está construido como una impregnancia animal, mediante una sucesión de contagios por contigüidad y por similitud.

El lingüista Roman Jakobson ha llamado la atención sobre los dos ejes (eje paradigmático, o de similitud; eje sintagmático, o de contigüidad) que, en su opinión, estructuran toda la actividad lingüística. También el etnólogo G. Frazer, al clasificar los dos tipos de acción mágica —magia por contacto, magia por similitud—, ha descrito en *La rama de oro* estos mismos mecanismos[31]. Finalmente, en el hombre normal, estos mecanismos pueden también reaparecer en el momento de la explosión de una gran impregnancia biológica: basta pensar en el fetichismo de los enamorados, por ejemplo...

En estas condiciones, ¿dónde encontrar la especificidad propia del lenguaje humano?

En los animales, cualquier tipo de impregnancia no tiene más que un número pequeño de formas-fuente. Pero también en este caso es poco probable que los mecanismos genéticos puedan «codificar» de una manera rigurosa una «forma visual», una *Gestalt:* no está claro cómo la bioquímica podría codificar la geometría... mientras que la bioquímica puede muy bien indicar un código para una impregnancia vivida como una pulsión hacia la forma-fuente. Por ejemplo, el gradiente de difusión de un feromona, en los insectos, manifiesta un poder de atracción considerable en el sujeto que ha percibido tal gradiente[32]. Probablemente, pues, se da una gran plasticidad de las formas-fuente en los animales. Lo cual queda establecido por el fenómeno, por ejemplo, de la impregnación —*imprinting*— lorenziana, en la que la *Gestalt* normal del compañero sexual se ve sustituida por la del padre adoptivo...

En régimen normal, por sí decirlo, las experiencias infantiles son las que permiten colmar aquellos agujeros negros que son las fuentes de las impregnancias genéticamente innatas.

En resumen, veo la constitución del lenguaje humano como el resultado de la explosión de las grandes impregnancias biológicas sobre una larga lista de «formas inducidas» por el aprendizaje social. Tales formas inducidas son las formas fónicas de las palabras, emitidas o comprendidas. La ausencia de una forma deseada conduce a la desviación de la coriente de impregnancia sobre la forma inducida de la palabra, que se convierte en su sustituto... un poco como el fantasma freudiano.

Cualquier nombre, cualquier concepto, se convierte así en portador de una impregnancia propia, cuya difusión está sin embargo rigurosamente limitada y controlada: la impregnancia de un concepto X queda limitada a los conceptos satélites de X, es decir a los conceptos Y que pueden formar una frase del tipo XVY, en donde V es un lazo verbal. En otros términos, a los conceptos Y, tales que el genitivo Y de X sea semánticamente aceptable. Y la aceptabilidad gramatical no es más que una forma degradada, automatizada, de acción de esta impregnancia local...

Multiplicación de las formas-fuente, compensada por un mecanismo rigurosamente controlado de difusión de estas impregnancias locales: esto es lo que me parece que es el carácter esencial del lenguaje humano —muy distinto del comportamiento mucho más flexible de las impregnancias animales.

Entonces, ¿no queda rastro en el hombre de estas grandes impregnancias originales?

Ciertamente que sí. La categoría del género, por ejemplo, tan frecuente en las lenguas indoeuropeas, puede considerarse como un residuo gramatical de la impregnancia sexual... Pero si se abandona el plano puramente sintáctico para considerar el nivel del discurso, entonces se verá que cualquier locutor humano tiene sus «metáforas obsesivas», sus «mitos personales»; todos estos «complejos» están probablemente regidos por la difusión de una impregnancia; según una observación de Jean Petitot, la esquizofrenia estaría caracterizada por una difusión ilimitada de la impregnancia biológica (cualquier concepto como fuente de terror...); la paranoia, por el contrario, vendría definida por la concentración de la impregnancia en un pequeño número de conceptos-fuente...

Este tipo de interpretación ¿es quizás aplicable también a los grandes sistemas culturales, y a la ciencia en particular?

Eso espero... Estoy convencido, por ejemplo, de que la noción de paradigma kuhniano —del que ya hemos hablado— podría muy bien interpretarse mediante un procedimiento de este tipo.

¿Por ejemplo...?

Estoy pensando en la biología moderna; un paradigma estaría ligado a una impregnancia, ligada a su vez a un concepto-fuente. Pero en la ciencia la difusión de la impregnancia ha de poder ser aceptada por todos. Si, por ejemplo, la física es la más exacta de todas las ciencias, ello se debe a que la explicación se lleva a cabo mediante la aplicación de un esquema causativo elemental. Por ejemplo: un cuerpo «activo» C toma contacto con otro cuerpo X, C, emite una influencia I que captura X, y bajo esta influencia el sistema X experimenta una transformación cualitativa $X \rightarrow X'$... En particular, X puede convertirse en la forma X' un cuerpo activo por la influencia I; se produce así una propagación espacial de la influencia I, en todo similar a la difusión de una impregnancia a partir de una forma-fuente. Desde este modo, la luz se aleja de las fuentes luminosas y transforma en fuentes secundarias los objetos opacos sobre los que se difunde. Si es cierto, como antes decía, que la explicación científica consiste en la reducción de la arbitrariedad de la descripción, tal reducción se opera a través de mecanismos generativos que permiten formar una gran clase de fenómenos E_1, a partir de una subclase E_0.

Postularé que estos mecanismos de generatividad son siempre del tipo de los definidos por la difusión de una impregnancia. La teoría será «científica», aceptable para todos, si estos mecanismos de generación pueden formalizarse de un modo preciso y son inteligibles, por ejemplo reducibles a una concatenación de mecanismos causales elementales. Si en lugar de ello se apela, para definir la generación, a conceptos verbales no formalizables, cabrá la sospecha de que la teoría no sea más que una «ideología»...

¿Y qué ocurre con la biología moderna?

De la biología moderna se puede decir que tiene la paranoia del DNA. El concepto-fuente, el objeto DNA, ha conquistado su relevancia por un caso histórico (el descubrimiento de la transformación del neumococo...)[33] y a continuación se ha reafirmado con la descripción de una morfología: duplicación del DNA, codificación de las proteínas *via* RNA mensajero. Los mecanismos formales vinculados al DNA son correctos y epistemológicamente aceptables. Pero se ha podido atribuir al DNA su papel central en biología (para los grandes organismos en particular) sólo confiriéndole poderes casi mágicos, encarnados en vocablos como información genética, control de los genes, etc.

Es en esta extensión abusiva donde reside la paranoia...

¿Se trata de un fenómeno que afecta a otras ciencias?

164

Probablemente sí. Así como las grandes impregnancias biológicas no nos llevan más que a «agujeros negros», estaría uno tentado de pensar que en cualquiera de las grandes disciplinas científicas se da la manifestación de una impregnancia sin objetivo explícitamente concebido.

En otros términos: todo el esfuerzo de constitución de una disciplina estaría ligado a la resolución de una aporía básica: llenar el agujero abierto, objetivo de la impregnancia constitutiva, con objetos derivados, fruto del caso histórico, de los azares del descubrimiento. La lucha de los paradigmas, las controversias científicas, no serían entonces más que manifestaciones del conflicto entre estas impregnancias derivadas, focalizadas en estos objetos fantasmagóricos...

¿Cuáles serían, en su opinión, las aporías básicas?

Para las matemáticas, la respuesta es evidente: reconciliar la intuición inmediata del continuo con la generatividad —necesariamente discreta— de las operaciones...

Para la física: explicar la relación entre cualidades «externas» de los cuerpos materiales (la extensión) y cualidades «internas»: la energía, los campos, etc.

Para la biología: explicar la relativa estabilidad de las formas de los seres vivos, a despecho del flujo continuo de las moléculas que la componen.

Para las ciencias humanas, por ejemplo la sociología: explicar la estabilidad de la sociedad y por tanto el origen del poder político.

En este último caso, se piensa que la adhesión del científico al paradigma de legitimidad de la sociedad en la que vive —o su rechazo— pueden influenciar de forma considerable su práctica científica. En estas ciencias, en consecuencia, las controversias «científicas» tienen tendencia a identificarse con controversias entre sistemas político-económicos, de ahí la dificultad para ellas de desembocar en un auténtico consenso...

Según este punto de vista, todas las controversias científicas, las rivalidades entre sistemas culturales, se interpretan como conflictos entre «impregnancias locales», como luchas entre gradientes opuestos... ¿No volvemos a encontrar aquí el esquema de las

*catástrofes elementales? Y este esquema ¿no tiene quizá una va-
lidez casi universal?*

Hemos redescubierto a Heráclito.

Notas

Introducción

1. El desarrollo sistemático de la topología se inició hace sólo un siglo (investigaciones de H. Poincaré (1854-1912), luego las de L. E. Brouwer (1881-1966), etc.) y ha conocido desde entonces un crecimiento muy notable. Pero el término aparece ya en J.B. Listing (1808-1872), que lo utilizó en 1831 en lugar del precedente *analysis situs,* acuñado por Leibniz (1646-1716) en 1679.

Pero si «topología» indica un sector de la matemática, la expresión «una topología» es comúnmente sinónima de «una estructura topológica» y designa con mucha frecuencia la colección de los abiertos de un espacio. Recordemos brevemente que *una topología sobre un conjunto* X es un sistema de subconjuntos de $X,$ llamados *abiertos*, tales que 1) la unión (de cuantos se desee) de conjuntos abiertos es un abierto (y el conjunto vacío y el propio X son abiertos); 2) la intersección de un número finito de conjuntos abiertos es un abierto. Un subconjunto V de X se llama *cerrado* si su complemento, es decir el conjunto de los elementos de X que no pertenecen a V es un abierto.

Una topología en X, finalmente, puede definirse (quedar definida) no directamente en términos de abiertos (o de cerrados), sino asignando a cada elemento (o «punto») p de X un sistema $I(p)$ de *entornos*, es decir de subconjuntos de X tales que a) p pertenece a cualquier entorno U de p; b) si U es un entorno de p, entonces también cualquier sobreconjunto V de U es un entorno de p; c) si V y W son entornos de p, entonces también su intersección $V \cap W$ es un entorno de p; d) para cada entorno U de p existe un entorno T de p contenido en U tal que U es también entorno de todo punto q de T. Los axiomas [a)-d)] forman parte de los denominados axiomas de los entornos, introducidos por F. Hausdorff (1868-1942) en 1914, que permitieron una caracterización axiomática de la noción de topología desvinculada de la noción de métrica (sobre lo cual *vid.* nota 2). Las definiciones de una topología en términos de abiertos o de sistemas de entornos son equivalentes; según 1)-2), se puede definir como entorno de un punto p de X cualquier subconjunto de X que contenga un abierto en el que se contenga p; viceversa, para cualquier p de X, según a)-d), se define como abierto cualquier subconjunto V de X tal que para cualquier punto p de V existe un entorno U de p incluido en V.

2. Supongamos que el estado de un sistema físico A pueda caracterizarse por completo dando los valores de n parámetros $x_1, x_2... x_n$. Cualquier estado del sistema queda entonces representado por un sistema de n números reales, es decir por un *punto* de un *espacio euclídeo* R^n de n dimensiones (para $n = 1$

se tiene la recta euclídea usual, para $n = 2$ el plano euclídeo, para $n = 3$ el espacio ecuclídeo). Dados dos puntos $x = (x_1, x_2, ..., x_n)$ e $y = (y_1, y_2, ...,y_n)$ del espacio R^n, se define su *distancia euclídea* con la fórmula $d(x,y)^2 = \sum_{j=1}^{n} (xj - yj)^2$. $j = 1$.

(Dotado de tal distancia, R^n resulta un peculiar *espacio métrico:* de hecho, la distancia euclídea satisface las condiciones: 1) d $(x, y) = O$, si y sólo si $x = y$; 2) d $(x, y) = d(y, x)$ para todos los puntos x, y; 3) d $(x, z) \leq d$ $(x, y) + d$ (y, z), para todos los puntos x, y, z. Tales condiciones definen axiomáticamente la noción de espacio métrico. El conjunto de los puntos y de R^n situados a una distancia de un punto x menor que un número real positivo r se denomina *esfera abierta* de centro x y radio r.

Si se da a priori un sistema de n números $a_1, a_2, ...a_n$, por lo general no será posible preparar un estado del sistema A que lo representa. Los puntos R^n susceptibles de representar estados físicamente realizables del sistema A forman el *conjunto de definición* M_A del sistema A en R^n. Pero los valores de los parámetros x_j no son normalmente denotados con absoluta precisión; en consecuencia, si $a = (a_1, ..., a_n)$ es un punto de M_A, es decir un estado físicamente realizable del sistema A, cualquier punto $b = (b_1, ..., b_n)$ lo bastante próximo a a define también un sistema realizable. El conjunto goza de la propiedad siguiente: si M_A contiene un punto a, M_A contiene también una esfera abierta de centro a y radio r muy pequeño. Los conjuntos R^n con esta propiedad se llaman *abiertos* en el espacio euclídeo R^n: lo inmediato es demostrar que constituyen una topología sobre R^n en el sentido aclarado en la nota 1. Por definición, el complemento de un conjunto abierto en R^n se llama *cerrado*. (La situación es más general: una vez definida la noción de esfera abierta de centro x y radio r en un espacio métrico, como se ha indicado más arriba, lo inmediato es generalizar lo noción de abierto —y de cerrado— en espacios métricos cualesquiera y demostrar que la métrica induce de forma canónica una topología.)

Por lo tanto: una unión de abiertos es un abierto y (se demuestra inmediatamente que) una intersección de cerrados es un cerrado. Dado un abierto M, la intersección de todos los cerrados que contienen M es un cerrado denominado clausura de M, que se indica usualmente $\bar{M}$. La diferencia $\bar{M} - M$ recibe el nombre de *frontera* de M; en el entorno de cualquier punto c de $\bar{M} - M$ hay puntos de M, pero c no está en M. Ahora bien, si M es el conjunto de definición de un sistema físico A, se ve que en cada punto de la frontera se presenta un fenómeno nuevo, brutal, que impide la realización de A en aquel punto. De ahí la noción de conjunto cerrado de los puntos de catástrofe de que se habla en el texto.

Un conjunto B de R^n se denomina limitado si está situado de lleno en una esfera abierta de centro en el origen O de R^n y radio r finito. Un conjunto cerrado limitado se llama compacto.

Los espacios euclídeos R^n son un caso particular de espacios topológicos conexos (un espacio topológico X se llama *conexo* si no existen abiertos no vacíos de X tales que su unión sea X y su intersección sea el conjunto vacío). Para poder decir que un subconjunto M de un espacio X es conexo, hay que considerar a su vez M como espacio topológico (si X es un espacio métrico, M se concibe de inmediato como espacio métrico; si X se da tan sólo como espacio topológico, se da una topología en M a partir de los subconjuntos de M que se pueden representar como intersecciones de M con un abierto de$X$) y ver si es conexo.

168

3. *Raro* o *denso en ninguna parte* (*nulle part dense,* en francés; *nowhere dense,* en inglés) se denomina un conjunto B de un espacio métrico (o topológico) X tal que el interior de su clausura $\bar{B}$ (*vid.* nota 2) es vacío. (Recordemos que por *parte interior* de un conjunto S de un espacio X métrico —o, más generalmente, topológico— se entiende la unión de todos los abiertos contenidos en S. A continuación vemos que S es un abierto si y sólo si coincide con su interior.) Dado que «se puede pensar en un conjunto raro como en un conjunto que no cubre una gran porción del espacio» (G. F. Simmons, *Topology and modern analysis,* MacGraw-Hill, Nueva York, 1963, pág. 74), el hecho de que el conjunto de los puntos de catástrofe K sea raro garantiza ante el observador una morfología bastante «reconocible».

4. «A principios de siglo apareció una sencilla descripción de lo que es una teoría física, sobre todo entre los estudiosos del continente europeo —como Duhem, Poincaré, Einstein, Hadamard, Hilbert— una descripción que aún hoy está con toda probabilidad bastante próxima a lo que piensa la inmensa mayoría de los físicos matemáticos. Fue Duhem, en su *Théorie physique,* quien dijo con mayor claridad que una teoría física consta de un *dominio experimental, de un modelo matemático* y de una *interpretación convencional.* El modelo, en tanto que sistema matemático, incorpora también la lógica de la teoría, es decir su axiomática. La interpretación es, sustancialmente, un acuerdo que conecta los parámetros —y por tanto las conclusiones consideradas en el modelo— con los elementos observables en el dominio experimental. Tradicionalmente, los filósofos de la ciencia valoran la utilidad de una teoría con un criterio de *adecuación* basado en la verificabilidad de las predicciones o en la calidad del acuerdo entre las conclusiones del modelo una vez interpretadas y los datos experimentales. Pero a estos requisitos Duhem había añadido, como pequeño ejemplo, el criterio de la *estabilidad*» (R. Abraham, J. E. Marsden, *Foundations of Mechanics,* The Benjamin/Cummings Publishing Company, Reading (Mass), 1978[2], pág. XIX) El fragmento de Duhem, en el punto esencial dice así: «Si el hecho fijado por la experiencia es un haz de datos teóricos, el resultado será otro manojo de datos teóricos. Pero por mucho que se reduzca indefinidamente el primer haz, no por eso se consigue reducir todo lo deseado la divergencia entre los hilos del segundo; cuando el primer haz está indefinidamente reducido, aún así los hilos del segundo divergen y se separan los unos de los otros, sin que se puedan reducir sus recíprocas distancias por debajo de un cierto límite. Una deducción matemática semejante es y seguirá siendo siempre inútil para el físico; por precisos y minuciosos que sean los instrumentos que cuantifican las condiciones de la experiencia, esta deducción hará siempre que correspondan a condiciones experimentales prácticamente determinadas una infinidad de resulados prácticos distintos». Poco más allá Duhem recoge un ejemplo «muy sorprendente» tomado de la mecánica y debido a Hadamard, y concluye finalmente con una referencia «al problema de la *estabilidad del sistema solar* que Laplace creía haber resuelto y del que se probó la extraordinaria dificultad en los intentos realizados por los geómetras modernos, en particular Poincaré». Para hacer un breve pero eficaz bosquejo de los desarrollos del problema en el siglo XX, desde Poincaré hasta los resultados de Arnold, Kolmogorov y Moser, *vid.* A. M. Gleason, «L'evoluzione della topologia diferenziale», en AA. VV., *Le scienze matematiche* (1969), ital. ed., Unione Matematica Italiana y Zanichelli, Bolonia, 1973, págs. 202-217. Para una lúcida formulación de la cuestión de la estabilidad *antecedente* de la de Duhem *vid.* la siguiente nota 5.

5. J. C. Maxwell, «Does the Progress of Physical Science tend to give any advantage to the Opinion of Necessity (or Determinism) over that of Contingency of Events and the Freedom of the Will» (1876), en L. Campbell y W. Garrett, *The Life of James Clerk Maxwell, with a selection from his correspondence and occasional writings and a sketch of his contributions to science*, Macmillan, Londres, 1882. La cita está en la pág. 400. Para un interesante comentario del paso de Maxwell, *vid.* K. Pomian, «Catastrofi», en *Enciclopedia*, vol. II, Einaudi, Turín, 1977, págs. 789-803.

6. Una función f definida en un abierto D de R (reales) o de C (complejos) se llama *analítica* en D si puede desarrollarse en serie entera (es decir en una serie de término general $a_n x^n$) en cualquier punto x_o de D. «La analiticidad alcanza todo su significado cuando se pasa de lo real a lo complejo y se consideran funciones f de una variable compleja, con valores complejos [...]. En el campo complejo, la simple derivabilidad (en el abierto D) es suficiente para implicar el más poderoso vínculo de solidaridad entre local y global. Las funciones complejas derivables, y por lo tanto analíticas, se llaman también holomorfas. La holomorfía es una noción intrínsecamente local, pero que «pasa» automáticamente a lo global» (J. Petitot, «Locale/globale», en *Enciclopedia*, vol. VIII, Einaudi, Turín, 1979, págs. 429-490; los fragmentos mencionados están en las págs. 444-445). En el núcleo de la aproximación de Karl Weierstrass (1825-1897) a la teoría de las funciones analíticas se encuentra el famoso principio de la *prolongación analítica*. Si dos funciones f y g, analíticas en un abierto conexo (*vid.* nota 2) D coinciden en un entorno de un punto de D, son idénticas en D. Este teorema permite afirmar que si h es una función analítica en D que *prolonga* f en un abierto conexo D' que contiene a D, entonces h es única.

7. Véase más adelante la discusión de la «causalidad formal», cap. III, págs. 116-119 en particular.

8. R. Thom, *Stabilité structurelle et morphogenèse,* ed. orig., Benjamin, Nueva York, 1972.

9. *Vid.* notas 1, 2, 3, al capítulo IV.

Una visión de las ciencias

1. K. R. Popper, *Congetture e confutazioni* (1963), trad. Ital. Il Mulino, Bolonia, 1972, pág. 118. Versión castellana de Néstor Mínguez, *El desarrollo del conocimiento científico: conjeturas y reputaciones*, Paidós 1967.

2. En cuanto a las contribuciones de H. Cartan a la teoría de los espacios analíticos, *vid.* J. Dieudonné, *Panorama des mathématiques pures. Le choix bourbachique,* Gauthier-Villars, París, 1977, págs. 109-115. *Vid.* nota 4.

3. En cuanto a las contribuciones del japonés K. Oka al renacimiento de la teoría de las funciones de varias variables complejas, en el período de alrededor de veinte años (1936-1955), *vid.* AA. VV. *Scienza e tecnica del Novecento,* Mondadori, Milán, 1977, págs. 211-212, 358 y 361-362. También J. Dieudonné, *Panorama,* op. cit., págs. 109-115.

4. En cuanto a los problemas de Cousin (el matemático Pierre Cousin, 1867-1933), las contribuciones específicas de K. Oka, los resultados de H. Cartan y J. —P. Serre y, finalmente, los teoremas *A* y *B* de Cartan, *vid.* J. —L. Verley, «Les fonetions analytiques», en J. Dieudonné (y otros), *Abregé d'histoire des mathématiques. 1700-1900*, Hermann, París, 1978, vol. I, pags. 129-163, en particular págs. 160-161. También Dieudonné, *Panorama*, op. cit., págs. 103-105.

5. En cuanto las distintas contribuciones de Charles Ehresmann (topología algebraica y diferencial, variedades diferenciables, geometría diferencial, etc.), *vid.* J. Dieudonné, *Panorama*, op. cit., págs. 18, 30, 70. En cuanto al origen y desarrollos de las teorías mencionadas en el texto, *vid.* los capítulos A I y A II del citado *Panorama*. También *Scienza e tecnica del Novecento*, op. cit., págs. 282-283 y 359-360.

6. En cuanto a las relaciones entre dominios analíticos y diferenciables, veáse J. Dieudonné, *Panorama*, op. cit., págs. 99 y siguientes.

7. El estudio de las geodésicas en una variedad riemanniana fue lo que llevó a M. Morse a la elaboración de un «cálculo variacional en grande» («Calculus of variations in the large», en *Amer, Math. Soc. Collog. Publ. 1934*), sucesivamente y geometría diferencial por el propio Morse y otros autores, sobre todo en los años sesenta (trabajos de S. Smale, R. S. Palais, etc.).

8. En cuanto a las contribuciones de S. Eilenberg, *vid.* por ejemplo *Scienza e tecnica del novecento*, op. cit., págs. 280-281 y 283. También J. Dieudonné, *Panorama*, op. cit., caps. A I, B I, C I.

9. *Vid.* notas 5, 7 y 8.

10. «Se puede datar el impulso actual de la topología diferencial a la solución dada por Thom (1954) a dos problemas propuestos con anterioridad por N.E. Steenrod: en una variedad diferencial *M*, ¿cuándo una clase de homología está «representada» por una subvariedad, y cuando una variedad de dimensión *n* es el borde de una variedad de dimensión n + 1?» (J. Dieudonné, *Panorama*, op. cit., pág 14).

11. En Estrasburgo, Thom redactó su tesis *Espaces fibrés en sphéres et carrés de Steenrod* (Ann. Sci. Ecole norm. sup. (3) 69), con la que obtuvo en 1951 el doctorado por la Universidad de París. En 1954 apareció *Quelques proprietés globales des varietés differentiables* (Comm. Math. Helvet. 28).

12. *Vid.* H. Hopf, «The Work of R. Thom», en J. A. Todd (ed.), *Proceedings of the Internacional Congress of mathematicians (14-21 august 1958)*, Cambridge University Press, Cambridge, 1960, págs, LX-LXIV. «La topología —comenta Hopf (págs, LXIII)—, como otras ramas de la matemática, se encuentra hoy en una situación de algebrización masiva y consecuente; este proceso ha llevado a madurar investigaciones extraordinariamente clarificadoras, simplificadoras y unificadoras, llevando también a nuevos e inesperados resultados. No es que el álgebra proporcione por sí misma nuevos instrumentos para el tratamiento de los problemas topológicos, pero sí es algo manifiesto que la mayor parte de los problemas, en sí mismos, tienen un marcado carácter algebraico.

en todo caso, que los grandes éxitos que puede hacer posibles un desarrollo como éste comportan un cierto peligro: que se rompa el equilibrio de la matemática al afirmarse una tendencia a descuidar el contenido geométrico de los problemas y de las situaciones de naturaleza topológica; descuidar este contenido tiende a un empobrecimiento de la matemática. Precisamente teniendo en cuenta este peligro creo que los trabajos de Thom tienen en sí mismos algo que es extraordinariamente estimulante: Thom, claro está, domina y utiliza a la perfección los modernos métodos algebraicos y sabe interpretar el aspecto algebraico de sus problemas, pero sus ideas fundamentales son de naturaleza rigurosamente geométrica.»

13. Nicolas Bourbaki es el seudónimo adoptado por un grupo de matemáticos (en su mayoría franceses) que surgió hacia 1935 como firmante de notas, reseñas y memorias publicadas en *Comptes rendus*, de la Academía de Ciencias francesa, y en otros medios. El grupo se dedicó a escribir un tratado general, *Elements de mathématique,* que se proponía exponer de forma sistemática y absolutamente rigurosa los capítulos fundamentales de la matemática. Sometida a constantes puestas al día y a continuas reediciones, la obra ha influido notablemente en no pocos matemáticos de nuestro tiempo. El grupo no tiene un número fijo de componentes ni muchas normas, como no sea la de la retirada de los colaboradores una vez alcanzan los 50 años. Los fundadores parecen haber sido H. Cartan, C. Chevalley, J. Delsarte, J. Dieudonné, A. Weil. En el siglo XIX formaba parte de la iniciación de los estudiantes de primer año de matemáticas un examen, por parte de un colega mayor, que proponía algunos teoremas formulados de forma errónea y que llevaban nombres de famosas generales. Parece ser que Nicolas Bourbaki era precisamente el nombre de un general francés del siglo pasado.

«El programa bourbakista —ha escrito Jean Dieudonné— consiste en hacer una relación de la matemática moderna que sirva como núcleo central a partir del cual se explique el resto; ello comporta la eliminación de muchos temas. (...) Donde se opera de forma artesanal, Bourbaki no interviene: Bourbaki sólo presenta teorías racionalmente organizadas en las que los métodos se siguen naturalmente de las premisas.» La idea básica sobre la que se ha desarrollado el programa bourbakista es la de «estructura matemática», aunque hoy se reconoce que esta noción «ha sido superada por las de categoría y funtor, que la incluyen de forma más general y conveniente; por supuesto, entra en las cuentas de Bourbaki incorporar al tratado las ideas válidas de esta teoría.»

El texto de Dieudonné, del que se han tomado estas dos citas (J. Dieudonné «Nicolas Bourbaki» en AA. VV. *Scienziati e tecnologi I contemporanei,* 3 vols., Mondadori, Milán, 1974-1975, vol. I, págs. 158-161. Cita de la pág. 159), presenta además un breve bosquejo del método de trabajo bourbakista: «El método de trabajo utilizado por los bourbakistas es extremadamente largo y pesado, pero viene impuesto prácticamente por el mismo proyecto. En sus reuniones, que se celebran dos o tres veces al año, se toman acuerdos acerca de la necesidad de dedicar un libro o un artículo a una·cuestión, previendo un cierto número de capítulos para el libro. El trabajo de escribirlo se confía a uno de los colaboradores, que escribe una primera versión del capítulo o de los capítulos propuestos, con libertad de incluir o eliminar lo que quiera por su propia cuenta y riesgo. Cuando esta primera redacción está acabada, al cabo de un año o dos, se somete al congreso de los bourbakistas y se lee en voz alta, sin omitir una página. Cualquier demostración se examina hasta el mínimo detalle y se somete a una crítica despiadada. Los observadores externos invitados a las reuniones de los bourbakistas salen siempre con la impresión de que estamos locos. (...) Una vez analizada la primera versión, otro colaborador se encarga de una nueva redacción en la que se tengan en cuenta las instrucciones del congreso. Pero se trata de una tarea desesperada: el año siguiente las opiniones del congreso habrán cambiado y le tocará a esta versión ser desmontada a piezas. Entonces le tocará el turno a otro colaborador, y así sucesivamente. Se podría creer que se procede de la misma manera hasta el infinito, pero en un cierto punto hay que acabar...» (págs. 159-160.)

14. Lakatos, «Dimostrazioni e confutazioni» (1963-1964) actualmente en I. Lakatos, *Dimostrazioni e confutazioni. La logica della scoperta matemática* (edición de J. Werrall y E. Zahar), ital., Feltrinelli, Milán, 1979, pág. 41, nota 7.

15. «La escuela matemática alemana conoció en los años siguientes a la Primera Guerra Mundial un momento de esplendor excepcional. Contaba con cabezas como C. L. Siegel, E. Noether, E. Artin, W. Krull, H. Hasse; en Francia no se sabía nada de ellos» (J. Dieudonné, «Nicolas Bourbaki», op. cit., pág. 158, nota 13). En cuanto a la figura y la influencia de David Hilbert (1862-1943), consultar C. Reid, *Hilbert,* Springer-Verlag, Berlín-Heidelberg-Nueva York, 1970.

16. E. Picard (1856-1941), E. Borel (1871-1956), J. Hadamard (1865-1963) eran, en realidad, personalidades extremadamente activas en el período que siguió a la Primera Guerra Mundial. Pero, según lo afirmado por quienes luego debían formar el grupo Bourbaki, entre la vieja y la nueva generación «se había formado una laguna» (J. Dieudonné, «Nicolas Bourbaki», op. cit., pág. 158).

17. Gaspard Monge (1776-1818), cuyo nombre está especialmente ligado al desarrollo de la geometría descriptiva, fue claramente partidario de la revolución, ministro de marina en 1792-1793, formó parte del Comité de Salud pública, fundó la *Ecole Polytechnique* (1795, en su origen *Ecole centrale des travaux publiques),* organizó para Napoleón Bonaparte la expedición a Egipto. La Restauración le privó de todos sus cargos.

18. L. E. J. Brouwer (1881-1966), a quien se deben importantes resultados en topología (entre ellos el conocido teorema del punto fijo que lleva su nombre) ha sido el principal promotor del moderno intuicionismo matemático. El intuicionismo brouweriano es una de las formas más radicales de constructivismo: las proposiciones matemáticas se interpretan como expresión de la posibilidad de una construcción y, en consecuencia, la tradicional lógica «clásica», basada en el principio del *tertium nom datur,* resulta inadecuada. La teoría cantoriana del transfito, lo que para Hilbert era «el paraíso que Cantor se ha procurado», aparecía en esta perspectiva como una extrapolación arbitraria.

19. Se alude al célebre teorema de incompletud de Gödel (1931), al teorema de Tarski (1933) en torno a la noción semántica de verdad, a la demostración de la consistencia de la hipótesis generalizada del continuo y del axioma de elección con los demás axiomas de la teoría de conjuntos (Gödel, 1938 y 1940), a la demostración de la independencia de la hipótesis del continuo de Cantor y del axioma de elección (P. J. Cohen 1963-1964). Para acceder a una reseña

exhaustiva de estos resultados *vid,* por ejemplo, P. J. Cohen, *La teoria degli insiemi e l'ipotesi del continuo* (1966), ed. ital. con un apéndice de G. Lolli, Feltrinelli, Milán, 1973. *Vid.* J. Pla i Canera. Aportacions de la lógica matemática en la primera mitat del segle XX en Acte 1er Congrés Català de Lógica Matemàtica. Barcelona 1982. Kurt Gödel: dos teoremes i una metodologia en Acte 2[ou] Congrés Cat. de Log. Matem. Barcelona 1983.

20. *Vid.* el juicio de Bourbaki, en N. Bourbaki, *Elementi di storia della matemática* (1960), ed. ital., Feltrinelli, Milán 1963: «Introducción castellana de Jesús Hernández. A.V. nº 18, Madrid 1972. El sistema de Russell y Whitehead (expuesto y plenamente articulado en los *Principia mathematica,* 3 vols.», Cambridge University Press, Cambridge, 1910-1913) tuvo más éxito entre los lógicos que entre los matemáticos además todavía más alejados de la práctica matemática hay que colocar los sucesivos intentos de simplificar y aligerar el sistema de Rusell y Whitehead (trabajos de Ramsey, Chwistek, Quine, Rosser, etc.).»

21. B. Russell (1872-1970) se recuerda aquí sobre todo como promotor del programa logicista y como creador de la teoría de los tipos (*vid.* nota 20).

22. G. Cantor (1845-1918) es el creador de la moderna teoría de conjuntos, que formuló en una serie de artículos desde 1874 a 1895 (recogidos ahora en G. Cantor, *Gesammelte Abhandlungen,* Springer, Berlín, 1932, y la reimpresión de Georg Olms, Hildesheim, 1962). Este acontecimiento, que B. Russell saludó como «el más grande de todos aquellos de los que nuestra época puede gloriarse» fue, por el contrario, descrito por Henri Poincaré como un «caso patológico», debido a las paradojas que la teoría genera. *Vid.* J. Pla i Canera. Els origens de la teoria de conjunts en El desenvolupament de les matemàtiques al segle XIX. Inst. d'Est. Catalans. Barcelona 1989.

23. E. Borel (1871-1956) y H. Lebesgue (1875-1941) dieron vida con R. Baire (1874-1932) y J. Hadamard (1865-1963) a una correspondencia centrada en el tema de la plausibilidad de los axiomas introducidos por la teoría de conjuntos, y en particular en la legitimidad del axiona de elección (R. Baire, E. Borel, J. Hadamard, H. Lebesgue, «Cinc lettres sur la théorie des ensembles», en *Bulletin de la Societé mathématique de France,* XXXIII (1905), págs. 261-273.)

24. En cuanto al desarrollo de la teoría de las categorías y de la teoría de los «topos» —a partir de las ideas de S. MacLane y las más recientes de F. W. Lawvere—, en particular como programa alternativo a la tradicional fundamentación de la matemática sobre el concepto de conjunto, véanse, por ejemplo, W. S. Hatcher, *Fondamenti della matemática* (1968), ed. ital. Boringhieri, Turín, 1973, cap. 8, y C, Mangione, «La logica nel ventesimo secolo II», en L. Geymonat, *Storia del pensiero filosofico e scientifico,* vol. VII («Il Novencento (2)», ed. Garzanti, Milán, 1976, págs. 299-433, en particular págs. 359-413).

25. La teoría de las categorías nace «oficialmente» con el artículo de MacLane y Eilenberg «*General theory of natural equivalence,*» aparecido en 1945 en *Transactions of the American Mathematical Society,* LVIII, págs. 231-294. El objetivo inmediato de los autores era la simplificación de ciertos aspectos de la topología algebraica. Los conceptos —introducidos en el artículo—

de categoría, funtor entre categorías y transformación natural entre funtores, pronto mostraron poseer un significado general capaz de unificar conceptos diversos, incluso en otros sectores de la matemática *(abstract non-sense)* En cuanto al punto de vista de MacLane, véase también S. MacLane, *«Saunders MacLane»*, en *Scienziati e tecnologi. I contemporanei*, op. cit. vol. II, págs. 209-210.

26. La topología combinatoria, creada sustancialmente por Poincaré, posteriormente a los años veinte (S. Lefschetz, J. W. Alexander, etc.) se desarrolló según dos líneas principales: una consistió en la progresiva profundización en la temática de la denominada homología, mediante un formidable aparato algebraico; la otra ha estudiado las estructuras combinatorias de los poliedros —tema ya central en la aproximación de Poincaré— junto con aplicaciones «a segmentos lineales» (*piecewise linear*, con su abreviatura PL), empezando en los años cuarenta (investigaciones de J. H. C. Whitehead, S. S. Cairns, etc) hasta los recientes progresos en estrecha vinculación con la topología diferencial (S. Smale, J. Stallings, E. C. Zeeman, etc.). Véase un cuadro de conjunto de tales resultados en *Scienza e tecnica del Novecento*, op. cit., págs. 359-361 y 459-461.

27. Con $E(q, 1)$ o más brevemente $E(q)$, indicamos el espacio de los «gérmenes» (cfr., más adelante, nota 31) de las funciones de R^q a R, infinitamente diferenciables, es decir C^∞ en O (cfr. nota 2 al cap. I). Tal espacio puede estar provisto de una topología (llamada precisamente *topología de Whitney* o topología C^∞) adaptada al nivel diferenciable, o sea la topología de la convergencia uniforme de un elemento F de $E(q)$ y de todas sus derivadas en los compactos de R^q. En cuanto a la relevancia general de las contribuciones de Whitney a la topología diferencial y al estudio de las singularidades de las aplicaciones diferenciables, véase J. Dieudonné, *Panorama*, op. cit, págs. 22 y siguientes.

28. Cfr. R. Thom, «Ensembles et morphismes stratifiés», en *Bulletin of the American Mathematical Society* 75 (1969), págs. 240-284.

29. En cuanto a las oportunas referencias bibliográficas y una exposición de los resultados obtenidos por Mather, véase por ejemplo M. Golubitsky, V. Guillemin, *Stable Mappings and Their Singularities*, Springer, Nueva York-Heiddlberg-Berlín, 1973.

30. Sin ninguna pretensión de exhaustividad recordamos aquí algunas definiciones, siguiendo sustancialmente a T. Poston, J. Stewart, *Catastrophe theory and its applications*, Pitman, Londres, 1978, en especial capp. 6-8.
Con $E(q, m)$ denotamos el espacio vectorial de los gérmenes (*vid.* nota 31) de las funciones R^q en R^n (cfr. nota 2, cap. I) que son C^∞ en O. En particular, sea $m = 1$ y abréviese $E(q, 1)$ como $E(q)$. Como se sabe, $E(q)$ es un álgebra local cuyo único ideal maximal es el conjunto $M(q)$ de los elementos η de $E(q)$ tales que $\eta(O) = \eta$. Un germen η de $E(q)$ tal que $\eta(O) = D\eta(O) = O$ recibe el nombre de *singularidad*.
Se define *r-despliegue* de una singularidad η de R^n en R a un germen F de $M(n + r)$ tal que $F(x_1, ..., x_n, O, ..., O) = \eta(x_1, ..., x_n)$, y se indica usualmente (r, F). Sea u un punto de R^r; x abrevia $(x_1, ..., x_n)$: así, abreviaremos $F(x, u)$ con $F_u(x)$.

Se define como *morfismo* el terna (w, W, ε) donde i) w es un germen perteneciente a E $(n + r, n + s)$ tal que $F_1, ..., x_n, O, ..., O) = $ identidad; ii) W es un germen de E (r, x) tal que π_s O $\omega = $ W O π^r (donde O denota la composición de dos aplicaciones); iii) ε es un germen perteneciente a M (r) tal que $F = G$ O $W + \varepsilon$ O π_r. Con π_r, de ordinario, se denota la proyección del espacio producto $R^n \times R\nu$ en el espacio R^r; brevemente:

π_r $(x_1, ..., x_n, x_{n+1}, ..., x_n + {}_r) = (x_{n+1}, ..., x_n + {}_r)$. *En este caso se dice que el despliegue (r, F) viene inducido por el despliegue (s, G) mediante el morfismo (ω, W, ε).*

Un despliegue (r, F) de η se denomina *versal* si cualquier despliegue de η es inducido por (r, F) mediante un morfismo adecuado. Sea r el número más pequeño por el cual (r, F) es versal: (r, F) constituye entonces un despliegue *uni-versal*.

31. En el conjunto de las funciones de R^q (cfr. nota 2 al cap. I) en R^m, continuas en un entorno de un punto x (por ejemplo, $x = O$), se puede definir una relación de equivalencia de la manera siguiente: $f \sim g$ si y sólo si existe un entorno (cfr. nota 1 del cap. I) de x en que f y g coinciden. La clase de equivalencia para la relación $\sim$ (es decir el conjunto de las funciones g tales que $g \sim f$) se denomina *germen* de la función f. Para $m = q$, en E (q, q) se indicará con B (q) el conjunto de los gérmenes invertibles R^q en R^q que aplican O en O.

32. «La inteligibilidad... ha aparecido siempre como una exigencia de concentración de lo no-local en una estructura local. Ahora bien, existe un ente matemático que satisface esta condición bastante bien: la *noción de singularidad*. Examinemos un ejemplo típico: el vértice del cono de revolución de ecuación $z^2 = x^2 + y^2$ en el espacio euclídeo tridimensional referido al triedro ortonormal O xyz. En realidad, este punto singular puede considerarse como procedente de una superficie lisa, el cilindro de ecuación $x^2 + y^2 = 1$, mediante la aplicación continua $\propto$ que concentra el círculo meridiano de ecuación $x^2 + y^2 = 1$, $z = O$ en el origen O. Este es un hecho de alcance general: una singularidad puede considerarse siempre como procedente de un espacio regular E mediante concentración en un punto de una figura global inmersa en este espacio E. No hay que maravillarse, pues, de que la teoría de las catástrofes, en su forma «elemental» de campo de una dinámica de grandiente, deba depender de forma sistemática del concepto de singularidad de una función» (R. Thom, «Mathematics and Scientific Theorizing», en V. Mathieu, P. Rosi (eds.) *Scientific Culture in the Contemporary World*.

33. El «teorema de preparación» *(Vorbereitungssatz)* es el primer resultado importante conseguido por K. Weierstrass en sus investigaciones acerca de las funciones analíticas de varias variables complejas; si bien lo enseñaba ya a partir de 1860, no se publicó hasta el 1879. Substancialmente, precisa el comportamiento de una función holomorfa en el entorno de un punto en que se anula. La versión para funciones reales lisas se debe a B. Malgrange (1964). Cfr. M. Golubitski, V. Guillemin, *Stable mappings,* op. cit, cap. IV.

34. Acerca de tal problemática el lector puede consultar J. Petitot, «Local/global», en *Enciclopedia*, vol. VIII, Einandi, Turín 1979, págs. 429-490, en particular págs. 467-471.

176

35. Sean F y G gérmenes de E $(n + r)$. Se dice que F y G son *equivalentes* (como r-despliegues) si existe un germen invertible h, de B (r) (cr. nota 31), una familia H_u de elementos B *(n)* donde el punto u pertenece a un abierto (cfr. notas 1 y 2 del capítulo II) de R' y un germen ε de M *(r)* (cfr. nota 30) tal que F $(x, u) = G$ $(H(x), h(u)) + \varepsilon(u)$, recordemos que en $F(x, u)$, x abrevia el punto $(x_1,\dots x_n)$ del espacio R^n y u es un punto del espacio r-dimensional R^r).

Ahora podemos especificar la idea de *estabilidad estructural*. Un (r, F) se denominará *(estructuralmente) estable* si cualquier pequeña perturbación (r, G) de (r, F) en E $(n + r)$ (cfr. nota 30) pequeña para la topología de Whitney (cfr. nota 27)— resulta equivalente a (r, F). El «teorema de Thom» —observado por Thom y demostrado rigurosamente por J. N. Mather y otros (para referencias bibliográficas véase, por ejemplo, M. Golubitsky, V; Guillemin, *Stable Mappings,* op. cit.)— se puede entonces enunciar de la siguiente manera. Supongamos $r \leq 4$. El conjunto de los (r, F) resulta un abierto *denso* (es decir que su clausura coincide con el espacio completo, cfr. nota 2 del cap. II) de E $(n + r)$ (dotado de la topología de Whitney). Además (a menos de la adicióin de una forma cuadrática no degenerada y del producto por $\pm$ 1), cualquier (r, F) resulta equivalente a uno de los *siete* despliegues *universales* de las singularidades η relacionados en la tabla siguiente (donde x, y denotan las variables de estado del sistema y u, v, w, t las variables de control, cfr. págs. 65-68 y págs. 70-73).

r	Singularidad η	Despliegue universal F
1	x^3	$x^3 + ux$
2	x^4	$x^4 + ux^2 + vx$
3	x^5	$x^5 + ux^3 + vx^2 + wx$
3	$x^3 + y^3$	$x^3 + y^3 + uxy + vx + wy$
3	$x^3 + xy^2$	$x^3 - xy^2 + u\,(x^2 + y^2) + vx + wy$
4	x^6	$x^6 + tx^4 + ux^3 + vx^2 + wx$
4	$x^2y + y^4$	$x^2y + y^4 + ux^2 + vy^2 + wx + ty$

Utilizando la nomenclatura acuñada por Thom: *pliegue (pli), cúspide (fronce:* literalmente *encrespadura; cúspide* es la proyección sobre el plano de control, véase fig. 8), *cola de golondrina (queue d'aronde), ombligo hiperbólico (ombelic hyperbolique), ombligo elíptico (o. elliptique), mariposa (papillon), ombligo parabólico (o. parabolique).*

36. R. Thom, «D'un modèle de la science à une science des modèles», en *Synthese,* 31, 1975, págs. 359-374. La cita es de la página 374.

37. En cuanto a una detallada explicación de las ideas de fondo de la «teoría de la bifurcación» véase R. Abraham, J. E. Marsden, *Foundations of Mechanics,* cit., caps. 6, 7 y, en particular, el 8. Véase además, pág. 544: «Queremos decir claramente, desde el principio, que aún no existe una teoría exacta. Mientras quede una laguna en la torre de la estabilidad, la teoría de la bifurcación seguirá siendo un castillo de naipes». *Vid.* lo que diremos en el texto en las págs, 74-75.

38. «La nueva tendencia [la mecánica cuántica *(quantenmechanik)* en sentido estricto] fue inaugurada por Heisenberg con una nota publicada en julio

de 1925. La idea fundamental que en ella se expresaba era que alguna de las cantidades inherente al modelo atómico en uso en la teoría de los quanta (por ejemplo, las coordenadas de un electrón del átomo en un determinado momento, la duración de una revolución orbital, etc.) no se han medido nunca directamente y, dado que los razonamientos basados en ellas conducen a las dificultades que ya se conocen, es lícito dudar que estas cantidades tengan un significado físico real y puedan llegar a medirse. Otras cantidades (por ejemplo, las frecuencias emitidas, la intensidad, etc.) son directamente observables. (...) Pero las relaciones directas entre magnitudes observables no son por lo general expresables con los medios ordinarios del álgebra y por eso el ulterior desarrollo de la idea de Heisenberg lleva a utilizar un algoritmo matemático que se conocía hacía tiempo pero que aún no había tenido aplicación en el campo físico, es decir el álgebra de *las matrices*» (E. Persico, *Fondamento della mecanica atomica,* Zanichelli, Bolonia, 1939 (y reimpresiones sucesivamente), pág. 69., Cfr. también pág. 70). En cuanto al planteamiento conceptual de Persico (1900-1969), es lícito remitir al fragmento relacionado en AA. VV., *L'immagine della scienza* (con una introducción de G. Giorello, il Saggiatore, Milán, 1977, págs. 119-130) y a las observaciones de la introducción.

39. En el 1926 P.A.M. Dirac (n. 1902) había introducido la célebre «función» δ (cfr nota 45). La rigorización por parte de L. Schwartz es de 1945-1949. Es significativa la misma reflexión sobre la génesis de la propia «teoría de las distribuciones» que Schwartz propone en su *Théorie des distributions*. Hermann. París. 1966[3].

40. H. J. Sussmann. R. S. Zahier. «Catastrophe theory as applied to the social and biological sciencies: a critique». en *Synthese.* 37 (1978), págs. 117-216. La cita se halla en la pág. 208.

41. Kepler (1571-1630) enunciaba en 1609, en su *Astronomia nova*, las dos primeras de las leyes que llevan su nombre, utilizando órbitas elípticas, aplicando a los movimientos celestes el esquema matemático estudiado en su tiempo por Apolonio de Pérgamo (262?-190? a. de J.C.). «Nunca se le ha dado a ninguna obra astronómica un título más significativo que el libro de Kepler sobre Marte: *Astronomia nova*» (O. Nugebauer. *Le scienze escatte nellÀntichità* (1957), ed. ital., Feltrinelli, Milán, 1974, pág. 242).

42. Como el mismo Einstein reconoció el cálculo tensorial, creado por G. Ricci Curbastro (1835-1925) y T. Levi-Civita (1873-1941) representa un instrumento esencial para la concepción relativista: las ecuaciones gravitacionales de la relatividad general, a su vez, «constituyen un auténtico triunfo de los métodos de cálculo creados por Ricci» (citado y discutido por L. Geymonat, en «Storia della matematica», en N. Abbagnano (ed.), *Storia delle scienze*, Utet, Turín, 1962, vol. I. págs. 648-649).

43. Respecto a esta cuestión *vid.* I. Grattan-Guinnes (en colaboración con J. R. Ravetz), *Joseph Fourier, 1768-1830*, MIT Press, Harvard (Mass.), 1972.

44. Para el cálculo de los operadores creado por O. Heaviside (1850-1925) véase el interesante trabajo de D. H. Moore, *Heaviside Operational Calculus*, American Elsevier, Nueva York, 1971, que ofrece también informaciones estimulantes desde el punto de vista histórico.

178

45. Escribe L. Schwartz: «Fue en 1935 cuando oí hablar por primera vez de la función δ; era estudiante y un compañero mío que acababa de asistir a una conferencia de física teórica, me habló de ella en estos términos: "Aquella gente introduce una llamada función δ, nula en todas partes menos en el origen en donde vale + ∞ y tal por fin que $\delta(x)dx=+1$. Si se utilizan métodos de este tipo no es posible colaboración alguna". Reflexionamos un poco los dos juntos, hasta que por fin lo dejamos correr. He vuelto a pensar en ello en 1945. En esta ocasión, ha sido por un motivo muy diferente que he definido las distribuciones. Me sentía atormentado por las "soluciones generalizadas" de las ecuaciones en las derivadas parciales». («La "función" δ y los nudos», en A. Salam, E. P. Wigner (eds), *Aspects of Quantum Mechanics*, Cambridge University Press. Nueva York, 1972, págs. 179-182. La cita es de la pág. 179.)

46. Sólo al acabar el siglo XVIII los números complejos, que había aparecido en la práctica matemática con los algebristas italianos del *cinquecento*, encontraron una interpretación «natural» como vectores surgidos del origen en R × R. En 1797, el noruego Casper Wessel (1745-1818) esbozó una interpretación de este tipo en un estudio que publicó dos años después la Academia Real de Dinamarca, pero que se mantuvo prácticamente desconocido hasta que se produjo su auténtico redescubrimiento (y reedición en versión francesa) en 1897. En 1806 el suizo Jean-Robert Argand (1768-1822) publicó su fundamental *Essai sur une manière de représenter les quantités imaginaires dans les constructions géometriques*. Carl Friedrich Gauss (1777-1855), mientras tanto, había estructurado una interpretación de los números complejos que retornó después en trabajos sucesivos, hasta la madura presentación de 1831. Para un detallado examen de la cuestión véase, por ejemplo, M. Kline, *Mathematical Thought from Ancient to Modern Times*, Oxford University Press, Nueva York, 1972, págs. 628-632.

47. En cuanto a la historia de la justificación de los números negativos (o «ficticios», como les gustava llamarlos a los algebristas del *cinquecento*) y de los imaginarios, véase, por ejemplo, F. Waismann, y capp. *Introduzione al pensiero matematico* (1936). Citemos también G. Geymonat, G. Giorello «Calcolo» en *Enciclopedia*, vol II. Einaudi, Turín 1977, págs. 379-500, en particular págs. 411-412 y 430-433.

48. El modelo del *quark* fue ideado independientemente en 1963 por M. Gell-Mann y G. Zweig: las partículas «elementales» están formadas por la unión de ciertas entidades a las que se les ha dado el nombre de «quark», con los respectivos «antiquarks». Se trata de entidades hipotéticas en el sentido de que hasta el momento no se han podido aislar [y se duda que nunca se pueda].

49. Albert Einstein prosiguió hasta los últimos años de su vida su programa de física unitaria. En su última (1953) teoría del campo unificado el campo fundamental, que engloba todo ente físico, no es simétrico [como en los espacios riemannianos, tipo estos de la relatividad general], en cuanto debe representar tanto el campo gravitatorio descrito mediante un tensor simétrico como el campo electromagnético descrito mediante un tensor hemisimétrico.

50. Lucrecio, *De rerum natura*, IV. Por ejemplo: Quin etiam gallum, noctem explaudentibus alis?auroram clara consuetum voce vocare, / noenu queunt

rabidi contra constare leones / inque tueri: ita continuo meminere fugai, / nimirum quia sunt gallorum in corpore quaedam / semina, quae cum sunt oculis inmissa leonum, / pupillas interfoidunt acremque dolorem / praebent, ut nequeant contra durare feroces, / cum tamen haec nostras acies nil laedere possint / aut quia non penetrant aut quod penetrantibus / illis / existus ex oculis liber datur, in remorando / laedere ne possint ex ulla lumina parte (vv. 710-721). «He ahí el gallo que ahuyenta la noche con un batir de alas, y saluda el alba con voces resonantes: si lo ve un furioso león, no se detiene delante, no soporta su vista y corre en precipitada fuga. Porque hay en el cuerpo del gallo gérmenes sutilísimos que, lanzados contra los ojos del león, se los destrozan, causándole tan gran dolor que, aunque son de natural fieros, no pueden soportar su vista. Esos gérmenes no ofenden en absoluto nuestras populas: o no entran en ellas o al penetrar se les concede libre curso y salida, de manera que, a lo largo de su paso, no dejan ni un rasguño y nos dejan los ojos ilesos por completo.» (edición española, *De la naturaleza de las cosas*, Austral, Madrid, 1946).

51. La fase *nemática* (del griego, filiforme) es una de las tres «mesofases» fundamentales de un cristal líquido, aquélla en la que el fluido turbio tiende a asumir una textura filiforme.

52. Acerca de M. Delbrück (n. 1906), premio Nobel en 1966 junto con A. Hershey y S. Luria por los descubrimientos realizados en el mecanismo de reproducción de los virus y su estructura genética, *vid.* M. Delbrück, «Max Delbrück», en *Scienziati e tecnologi,* op. cit., vol. I, págs. 301-303. Para la importancia de sus ideas acerca de la teoría de las catástrofes, véase la correspondencia entre Waddington y Thom, en R. Thom, *Modèles mathématiques de la norphogenèse,* Unión genérale d'editions, París, 1974, págs. 271-288.

53. En cuanto al tratamiento de las reacciones tipo Zabotinskẏ (llamadas así por el nombre del científico ruso E. M. Zabotinskẏ) en el marco de la teoría de las catástrofes, *vid.* E. C. Zeeman, *Catastrophe Theory. Selected papers 1972-1977,* Addison-Wesley, Reading (Mass.), 1977, págs. 76-77.

54. Cfr. nota 37.

55. Véase más adelante, pág. 96 y siguientes.

56. El DNA (ácido desoxirribonucleico) representa el componente más importante genético celular, que transmitiría, en función de un particular «código», las «informaciones» de una célula a otra. Hoy se da por sabido que el DNA presenta la configuración molecular ilustrada por Watson y Crick en 1953: cada molécula está compuesta por dos largas cadenas polinucleotídicas que se arrollan en direcciones opuestas, formando una doble hélice en torno a un eje central. Las dos cadenas tienen enlaces con el hidrógeno en determinados puntos, que se establecen entre dos bases, acopladas de modo específico. El DNA, mediante su mecanismo de *duplicación* (disociación de las dos cadenas, de forma que cada una de ellas puede servir como modelo para la síntesis de dos cadenas complementarias, obteniéndose así dos nuevas moléculas; véase también la nota 14 de cap. IV), representaría el medio de transmisión de los caracteres, mediante un «código» que se basa en la diferente secuencia de las bases azotadas presentes en la cadena. En cuanto al «dogma central», véase nota 70.

57. Conrad Hal Waddington (1905-1975), Buchanan Professor de genética animal en la Universidad de Edimburgo desde 1947, ha estudiado los fenómenos de inducción embrional en los animales, proponiendo la teoría de los inductores enmascarados, y se ha interesado también por las relaciones entre genética y embriología, desarrollando importantes investigaciones sobre la evolución. A partir de la publicación de *The Strategy of the Genes* (Allen & Unwin, Londres y Macmillan Company, Chicago, 1957) ha desarrollado un nuevo programa epigenético, centrado en las ideas de «creodo» y de «paisaje epigenético» (cfr. nota 16 al cap. III) y relacionado con las aplicaciones de la teoría de las catástrofes a la evolución. (Cfr. las contribuciones incluidas en C. H. Waddington *Towards a Teoretical Biology*, Edinburgh University Press, Edinburgh, del que han aparecido entre 1968 y 1972 cuatro volúmenes.) En Italia se han publicado diversos libros de Waddington: *Strumenti per pensare. Un approccio globale ai sistemi complessi* (1977) (ed. ital., Mondadori, Milán, 1977) y *Evoluzione di un evoluzionista* (1975) (ed. ital. a cargo de F. Voltaggio, Armando, Roma, 1979).

58. F. H. Crick, premio Nobel de fisiología y medicina en 1962, junto con J. D. Watson y M. H. F. Wilkins, es el creador, junto con Watson, del célebre modelo de molécula del DNA (1953). El acontecimiento se cuenta en un libro de Watson, *La doppia elica* (1965). Como se sabe, el modelo de Crick y Watson ha servido de base para el estudio ulterior del código genético.

59. El *Genoma,* como se sabe, designa el complejo de los genes de un individuo, o sea el ajuar cromosómico haploide (presente en las células germinales maduras).

60. Acerca del caso Lysenko, *vid.* J. S. Huxley, *La genetica sovietica e la scienza* (1952), ed. ital. con una introducción de S. Tagliagambe, Longanesi, Milán, 1977.

61. La gastrulación es el proceso mediante el cual el embrión pasa del estado de blástula (con un folículo) al de gástrula (con dos folículos).

62. Cfr. más adelante el cap. III.

63. H. J. Sussmann, R. S. Zahler, op. cit., págs. 195-198.

64. En cuanto a la idea de progreso matemático, *vid.* J. Dieudonné, «L'idea di progresso in matematica», en E. Agazzi (ed.), *Il conceptto di progresso nella scienza,* Feltrinelli, Milán, 1976.

65. Para una aproximación a las investigaciones y los resultados conseguidos por Smale, *vid.* S. Smale, «Stephen Smale», en *Scienziati e tecnologi. I contemporanei,* op. cit., vol II, págs. 508-509.

66. Para una rápida presentación de los resultados de H. Hironaka y de las cuestiones relativas a la disolución de la singularidad, véase G. Geymonat, A. Sanini, P. Valabrega, «Geometria e topologia», en *Enciclopedia*, vol. VI, Einaudi, Turín, 1979, págs. 616-723, en particular págs. 711-713.

67. A. Weil, «L'avenir des mathématiques», en F. Le Lionnais (ed.), *Les grands courants de la pensée mathématique*, Blanchard, París, 1962, págs. 307-320. La cita es de la pág. 309.

68. La polimerasa es una enzima que cataliza los ligámenes de los nucleótidos para formar los ácidos nucleicos. *In vitro*, un DNA polimerasa permite la síntesis del DNA en presencia de una cadena simple de DNA que inicia la reacción.

69. Los *eucariotes* son organismos cuyas células tienen un núcleo provisto de una membrana nuclear. Se contraponen a los *procariotes,* es decir a los organismos cuyo núcleo carece de membrana nuclear. Se clasifican como procariotes los virus, las bacterias y las algas azules.

70. James H. Watson y Francis H. C. Crick (cfr. nota 58) enunciaron en 1953-1955 lo que después se confirmó como un dogna central de la biología molecular. Ello concierne al proceso sobre cuya base las secuencias de DNA se traducen en secuencias de aminoácidos, proceso en el que también está involucrado el RNA (ácido ribonucleico). En la primera fase, la molécula de DNA hace de molde para la síntesis de una cadena polinucleotídica de RNA en la que se da *transcrita* la secuencia de las bases nucleotídicas en la cadena de DNA. En otros términos: el RNA se convierte en una «imagen negativa» de la secuencia nucleotídica del DNA. En la segunda fase, la cadena de RNA se *traduce*, por la acción del aparato celular reservado para la síntesis proteica, en moléculas proteicas cuya secuencia de aminoácidos queda especificada por el código genético. Hay que subrayar el hecho de que una característica esencial del dogma central es el flujo unidireccional de la información, del DNA al RNA y a la proteína. Este flujo no se invierte nunca.

71. Con la *Farbenlehre* (1808 y después 1810) Goethe realizó lo que consideraba su proyecto científico más comprometido. La polémica contra Newton debía revelarse como el obstáculo mayor para la difusión de las ideas goetheanas en ambientes rigurosamente científicos; pero, más allá de eso, el trabajo de Goethe ha quedado como un clásico en el plano cultural, cuya utilidad queda atestiguada por la significativa recuperación de principios y temas en distintas direcciones y contextos. «La *Farbenlehre* es quizá el primer esbozo de una psicología de la percepción, de una *Gestalt psychologye* (G. C. Argan, en J. W. Goethe, *La teoria dei colori*. Parte didattica, ed. ital. a cargo de R. Troncon, con una introducción de G. C. Argan, il Saggiatore, Milán, 1979).

72. En su célebre discurso (1862) *Ueber das Verhältniss der Naturwissenschaften zur Gesamtheit der wissenschaften,* Helmholtz se expresa así a propósito de la filosofía hegeliana de la naturaleza: «Era obvio que en las ciencias del Espíritu debían encontrarse las huellas de la actividad del Espíritu humano y de sus estadios evolutivos. Pero si la naturaleza reflejase el resultado del proceso racional de un Espíritu creador semejante, sus formas y sus procesos, de una simplicidad relativamente mayor, deberían dejarse incluir en el sistema de una manera también más fácil. Ahora bien, precisamente aquí fallan los esfuerzos de la filosofía de la identidad; y fallan, podríamos decirlo así, por completo. La filosofía hegeliana de la naturaleza les pareció a los cultivadores de las disciplinas naturalistas cuanto menos algo absolutamente sin sentido. Entre

los muchos científicos insignes de aquel tiempo no hubo ni uno que se contentase con las ideas de Hegel. Y es que, por otra parte, Hegel atribuía una particular importancia al hecho de conquistar en este campo el reconocimiento que tenía en otros, y provocó así una polémica de una insólita vehemencia y acritud, dirigida sobre todo contra Newton como primer y máximo representante de la investigación científica. Los científicos fueron acusados por los filósofos de estrechez mental, y éstos fueron acusados por aquellos de charlatanes. Los científicos empezaron, a partir de aquí, a conceder una cierta importancia al hecho de que sus trabajos quedasen al margen de cualquier influencia filosófica, y a ello se añadió que muchos de ellos, entre los cuales había hombres eminentes, condenaran toda filosofía como algo inútil, o como un desvarío pernicioso. No podemos negar que de ese modo se tiró por la ventana no sólo las injustificadas pretensiones de subordinar las demás disciplinas, enfrentadas a la filosofía de la identidad, sino también la pretensión legítima de la filosofía, es decir la de desarrollar una crítica de las fuentes cognoscitivas y fijar una medida del trabajo conceptual» (trad. ital. en Hermann von Helmholtz, *Opere*, edición de V. Capelleti, Itet, Turín, 1967, págs. 342-344). Un comentario amplio sobre este planteamiento de Helmholtz se encuentra en L. Geymonat, *Storia del pensiero filosofico e scientifico*, vol. V («Dall 'Ottocento al Novecento», Garzanti, Milán, 1973^2, págs. 510-512). Hay traducción castellana en Ariel Filosofía.

73. Una presentación eficaz de esta tesis se encuentra en N. R. Hanson, *I modelli della scoperta scientifica* (1958), ed. ital. Feltrinelli, Milán, 1978, cap. I. Por ejemplo: «Esta afirmación podría desconcertar a alguien: que es posible que los investigadores no valoren los datos de la misma manera es una cuestión seria. Sin embargo, es importante darse cuenta de que en la selección de diferencias en torno a los datos y los hechos la observación puede exigir algo más que un simple gesto en la comparación de hechos observables. Puede exigir una nueva valoración general del mismo campo de estudio. (...) Se da, pues, un sentido en el que el simple hecho de ver es en realidad una empresa «cargada de teoría». La observación de x se ve condicionada por el conocimiento anterior de x. Las observaciones se ven también influenciadas por el lenguaje o por la notación utilizada para expresar lo que sabemos, sin las cuales reconoceríamos bien poco del conocimiento» (págs. 30-31).

La teoría de las catástrofes

1. Limitándose a los clásicos sistemas de conservación, recordemos que la mecánica *hamiltoniana* (llamada así por William Rowan Hamilton, 1805-1895) reconduce el estudio de los movimientos de ciertos sistemas de puntos materiales al estudio geométrico del *espacio de fases*, en el que un «punto» es dado por 2_n-pla $(p_1, ..., p_n, q_1, ..., q_n)$, donde $q_n, ..., q_n$ son los n parámetros que definen el movimiento $p_i = \dfrac{\delta L}{\delta q_i}$ en donde L es la llamada lagrangiana, que expresa la diferencia entre la energía cinética y la energía potencial del sistema. La introducción de la hamiltoniana $H = \sum_{i=1}^{n} p_i q_i - L$ (interpretable como la suma de la energía cinética y de la energía potencial del sistema) permite es-

cribir las conocidas ecuaciones *canónicas* (o de Hamilton). Se encontrará un ejemplo clásico y simple de ello en las págs. 117-119 del texto.

2. Cfr. nota 2 del cap. I.

3. «La noción de aplicación es un modelo matemático muy general de aspectos diversos de la realidad y del pensamiento. Se genera como forma de la idea de una *correspondencia por pares de objetos de una clase, o de un conjunto, con objetos de otra clase.* Esta correspondencia se lleva a cabo en la descripción de procesos que se desarrollan en el tiempo cuando a cada momento del tiempo le corresponde un determinado estado del sistema que se estudia. Se utiliza en el estudio de operaciones sobre los objetos [etc.].» (J. I. Manin, «Applicazioni», en *Enciclopedia,* vol. I, Einaudi, Turín, págs. 701-743. Cita de la pág. 701).

4. Para un tratamiento en detalle y las distintas terminologías (no siempre iguales de un texto a otro) véase también el artículo «Applicazioni» citado en la anterior nota 3.

5. Epicteto, filósofo estoico, nacido en Hierápolis, Frigia, hacia el 60 d. J.C. fue esclavo en Roma y logró la libertad con Nerón. Quedó comprendido en el decreto del Senado del año 94 d. J.C. Se estableció en Nicópolis, en Epiro, donde murió, probablemente al principio del reinado de Adriano. Sus doctrinas han llegado hasta nosotros a través de los escritos de Flavio Arriano, autor de *La vida y la muerte de Epicteto*, de ocho libros de *Disertaciones sobre Epicteto y su filosofía*, así como del *Enquiridión* (o *Manual*) que resume los dos anteriores.

6. La parabra «función» fue utilizada por Leibniz en un manuscrito de 1763 para indicar cualquier cantidad que variase de un punto a otro de una curva, como por ejemplo la longitud de la tangente. También fue Leibniz quien introdujo los términos «constante», «variable» y finalmente «parámetro», este último utilizado en el tratamiento de una familia de curvas. (Cfr. M. Kline, *Mathematical Thought from Ancient to Modern Times*, Oxford University Press, Nueva York, 1972, 339-340.)

7. Cfr. nota 30 del cap. II.

8. Según la convención de Maxwell, determinado un despliegue (r, F) (para simplificar se escribe sólo F, sobrentendiéndose que r es la dimensión del espacio de control), el conjunto K de los puntos de catástrofe consta de los puntos u del espacio de control R^r, donde F_u (cfr. nota 30 del cap. II) alcanza el mínimo absoluto por lo menos para dos puntos o donde el mínimo se alcanza en un solo punto, pero es inestable. Esta convención no es la única adoptada por Thom para individualizar los puntos de catástrofe. Otra convención es la denominada del «retraso perfecto», en la que a todo camino T de U se asigna una aplicación m_r de T en $X \times T$ tal que $\pi_r(m_r(u)) = u$ (en cuanto a la proyección π_r, véase nota 30 del cap. II) y, por otra parte, $m_r(u)$ caracteriza un mínimo local de F_u y m_r permanece continuo para un intervalo máximo en T. Sea D el conjunto de los puntos (x, u) de $R^n \times R^r$ tales que $d^2_x F(x, u)$ es degenerado: su imagen $B = \pi_r(D)$ por la proyección π_r de $R^n \times R^r$ en R^r se denomina *conjunto de bifurcación.* Sirviéndose de la convención del retraso perfecto, los pun-

184

tos de B quedan caracterizados como puntos de catástrofe (en el caso por ejemplo, planteado en el texto en las páginas 76-77 el conjunto B viene dado por los puntos del plano (a, b) para los que $4 a^3 + 27 b^2 = O$, forman la parábola semicúbica de la figura 8. No hay que sorprenderse por ello: apenas se mueve un punto (a, b) de B_1 o B_2 se obtienen dos tipos diferentes de funciones F de x. Cfr. Fig. 9).

9. Cfr. nota 35 del cap. II.

10. Para ver la lista de las siete catástrofes elementales, cfr. nota 35 del cap. II.

10bis. Conseguir las ecuaciones del movimiento de un fluido con fenómenos de viscosidad ha sido algo tortuoso. Euler (1707-1783) había dado en su tiempo las ecuaciones de movimiento de un líquido no viscoso y desde los tiempos de Lagrange (1736-1813) se tenía conocimiento de la diferencia esencial entre el movimiento de un fluido en el que se admite la existencia de un potencial para la velocidad y otro en el que tal hipótesis no es aceptable. Guiado por una analogía formal con la teoría de la elasticidad y por la hipótesis de la existencia de moléculas animadas por fuerzas repulsivas, el francés Claude L. M. H. Navier (1785-1836) consiguió obtener las ecuaciones del fenómeno en 1821, que Poisson (1781-1840) volvió a encontrar en 1829. En 1845 las recogió, en el marco de la mecánica de continuos, George Gabriel Stokes (1819-1903). Para seguir las distintas formulaciones *vid.* M. Kline, op. cit., págs. 696 y siguientes.

11. Cfr. nota 37 del cap. II.

12. En 1873 el físico holandés van der Waals (1837-1923) modificó la descripción de un «gas ideal» (o ley de Boyle) estableciendo $(p + \alpha/v^2)$ $(v - \beta) = RT$, donde R era una constante, T, la temperatura absoluta, p y v la presión y el volumen respectivamente de la muestra del fluido considerado y α y β dos constantes. Es inmediatamente determinable un valor crítico T_c tal que a) para $T > T_c$, el volumen crece regularmente; b) para $T = T_c$, v es una función continua pero no diferenciable de p; c) para $T < T_c$, hay valores de la presión p para los que son posibles *diversos* volúmenes v. En el espacio (p, v, T), el punto (p_c, v_c, T_c) en que $T_c = 8\alpha/27\beta$ R, y en consecuencia $p_c = \alpha/27\beta^2$ y $v_c = 3\beta$ se manifiesta como de considerable importancia: con un cambio de coordenadas, $p' = p/p_c$, $v' = v/v_c$ y $T' = T/T_c$ se obtiene la ecuación de van der Waals reducida $(p' + 3/v'^2)$ $(v' - 1/3) = 8T'/3$, y sustituyendo la densidad por el volumen, estableciendo $v' = 1/X$, y con un ulterior cambio de variables $P = p' - 1$, $x = X - 1$, $t = T' - 1$, se obtiene $x^3 + (8t + P) x/3 + (8t - 2P)$ $3 = O$, o bien $x^3 + ax + b = O$ (en donde hemos hecho $a = (8t + P)/3$, $b = (8t - 2P)/3$ que es la ecuación de tercer grado de la pág. 76 del texto. La discusión de tal ecuación permite establecer modelos con una cúspide de los cuales en la fig. 8 la situación estudiada por vander Waals consiste en determinar un conjunto K de puntos de catástrofe utilizando la convención de Maxwell. Para ver un tratamiento detallado de la cuestión, véase por ejemplo T. Poston, I. Stewart, *Catastrophe Theory,* op. cit., cap. 14, que contiene también un análisis del modelo de Landau.

13. E. C. Zeeman, *Catastrophe Theory,* op. cit., págs. 615-638. Cfr. también nota 62 del cap. II.

185

14. Estos modelos se explican ampliamente en los distintos artículos de *Catastrophe theory*, op. cit. Se puede ver una explicación extraordinariamente clara y sin detalles técnicos en el artículo que Zeeman escribió para «Scientific American», o bien en la edición italiana E. C. Zeeman, «La teoría de las catástrofes», en *«Le Scienze»*, n.º 96, agosto 1976, págs. 16-29. El modelo de la agresividad del perro lo retoma Thom varias veces a lo largo de la entrevista. Véase también la fig. 10 y su anotación. El modelo se ha elaborado utilizando la convención del retraso perfecto (cfr. nota 12).

15. Las críticas de Sussmann y Zahler (cfr. nota 10 del cap. II) al modelo de Zeeman del comportamiento agresivo del perro (cfr. la precedente nota 14) se concentran substancialmente en los siguientes puntos a) el modelo no mejora nuestro conocimiento del comportamiento agresivo; de hecho, no proporciona predicción controlable alguna (no banal) ni contribuye al proyecto de experimentos que puedan convalidarlo; no proporciona, pues, según los dos críticos, ningún conocimiento; b) ni siquiera da cuenta de hechos *ya conocidos*, en tanto que la discontinuidad introducida en el modelo no se asemeja de forma significativa a la discontinuidad advertida en el comportamiento observable: el único elemento común al modelo y al proceso real es que en ambos casos hay discontinuidades; pero eso no es suficiente: a partir de esta analogía, sostienen Sussmann y Zahler, se podría también sostener que *cualquier* función matemática discontinua podría «dar cuenta» de cualquier fenómeno natural en el que la discontinuidad esté presente (H. J. Sussmann, R. S. Zahler, «Catastrophe Theory: a critique» op. cit., pág. 133). Así pues, la semejanza o analogía entre el modelo y el fenómeno real del que el modelo debe dar cuenta no es suficiente: «Hay que demostrar, además, que el fenómeno matemático sigue al modelo de forma *no banal* y no puede simplemente formar parte de sus asunciones (ibid. pág. 133). En caso contrario, no sólo el modelo no es correcto desde un punto de vista cuantitativo, sino que «sus mismas conclusiones cualitativas son frecuentemente erróneas, vagas o tauológicas» (*ibid.* pág. 212).

16. Es evidente que «si un embrión ha recibido daño en uno de los primeros estadios de su desarrollo, con frecuencia ocurre que a partir de ahí se desarrolle luego un embrión normal... En todo caso, después de haber recibido el daño, no vuelve al punto en que se encontraba en el momento de la alteración para reemprender el proceso a partir de ahí, sino que vuelve gradualmente a su camino, de manera que el daño no queda reparado hasta que el embrión ha llegado a un estadio posterior a aquél en que se produjo el daño. (...) También se dice, para describir estos sistemas, que el camino de la transformación está canalizado: en cuanto al recorrido en sí, se puede utilizar el término *creodo*, palabra derivada del griego que significa recorrido obligado. Muchos tipos de transformación que se producen en la sociedad tienen un carácter creódico más o menos desarrollado; una vez tomada una cierta dirección resulta muy difícil inducir un cambio de ruta. [...Por otra parte,] en los sistemas biológicos progresivos, como los embriones en desarrollo o las plantas, nos enfrentamos normalmente con sistemas no descriptibles por completo en términos de un solo creodo ni de un conjunto de creodos *grosso modo* paralelos... En el desarrollo de un huevo, sus partes seguirán distintas vías de desarrollo y al final pasarán a formar diversas partes del animal completo; algunas se convertirán en músculos, otras en nervios, y así sucesivamente. Es posible ofrecer una imagen intuitiva en términos de *paisaje epigenético,* donde en el momento en que se inicia

186

el proceso existe un solo valle, pero a continuación se ramifica en dos valles o más; a su vez, estas ramificaciones se van dividiendo continuamente, hasta formar un número de valles separados correspondiente a las partes separadas del animal adulto». (C. H. Waddington, *Strumenti per pensare,* trad. ital., Mondadori, Milán., 1977, págs. 108 y 111-112).

17. Se puede definir intuitivamente la ergodicidad como la propiedad de un sistema que tiende a un estado límite independiente de la situación inicial. Entre los diversos textos disponibles que tratan la cuestión, recomendamos al lector V. I. Arnold, A. Avez, *Problémes ergodiques de la mécanique classique* Gauthier-Villars, París, 1967.

18. Cfr. R. Thom, «Rôle et limites de la mathématisation en sciences», en *La Pensée,* n.º 195, octubre 1977, págs. 36-42, en particular págs. 38. J. B. Perrin (1870-1942) obtuvo en 1926 el Nobel de física (movimiento browniano, rayos catódicos, teoría atómica, etc.).

19. I. Lakatos, «La falsificazione e la metodologia dei programi di ricerca scientifica» (1970), en I. Lakatos, A. Musgrave (eds.), *Critica e crescita della conozcenza,* ed. ital., Feltrinelli, Milán, 1976, págs. 164-276. Cfr. en particular págs. 190-191, 207-208, 256-258. Existe traducción castellana de Juan Carlos Zapatero en Alianza Universidad, Madrid 1983.

20. «En el interior de una estancia subterránea en forma de caverna, con la entrada abierta a la luz y tan grande como toda la amplitud de la caverna, cree ver hombres que están ahí dentro desde que eran niños, con las piernas y el cuello encadenados de forma que han de permanecer en pie y sólo pueden mirar hacia adelante, incapaces, debido a la cadena, de volver la cabeza. Alta y lejana brilla a sus espaldas la luz de un fuego, y entre el fuego y los prisioneros discurre, elevado, un camino. A lo largo de éste le parece ver un murete, como aquellos bastidores que los titiriteros colocan ante las personas para mostrarles los títeres. (...) Imagina que ve hombres que llevan objetos a lo largo del murete que sobresalen por el borde, esculturas y otras figuras de piedra y de madera trabajadas; y, como es natural, algunos de los portadores hablan y otros callan.— Extraña imagen la tuya, dijo, y extraños tus prisioneros. Nos sueñan a nosotros, respondí: ¿crees que esas personas pueden ver, aparte de a sí mismos y a sus compañeros, algo más que las sombras proyectadas por el fuego en la pared de la caverna que hay frente a ellos? —¿Y cómo pueden hacerlo, replicó, si se ven obligados a mantener la cabeza inmóvil toda su vida? —¿Y no ocurre los mismo con los objetos?— Es verdad.» (Platón, *La República,* VII, 514-515 a-b).

21. La estructura triploblástica indica la subdivisión del embrión en exodermo, mesodermo, y endodermo. Véase también la nota 16 en el cap. IV. La analogía entre estructura triploblástica del embrión y estructura ternaria de la frase transitiva se comenta ampliamente en el cap. IV.

22. Se alude en particular al célebre y discutido *Principles of topological psychology,* de K. Lewin, McGraw-Hill, Nueva York-Londres, 1936.

23. Sobre este aspecto, remitimos al lector al volumen de Kurt Lewin, *Teoria e sperimentazione in psicologia sociale* (1951), ed. ital. con una introducción de A. Palmonari, Il Mulino, Bolonia, 1972. *Vid.* en particular cap. IX.

24. La lista aristotélica de las categorías se encuentra especialmente en *Categorie*, 4, 1 b, 25. Pero también son relevantes las referencias en *Topici* I, 9, 103 b-104 a, y, sobre todo, en *Metafísica* VI, 2, 1026 a 33. Esta última lista está precedida por una especie de definición según la cual las categorías responden a la exigencia de saber en qué «acepción» se utiliza el término «ser». De hecho, «será cometido de esta ciencia (la filosofía primera) contemplar el ser-en-cuanto-ser, es decir la esencia y las propiedades que el ser posee en-cuanto-ser. Pero, teniendo en cuenta que el simple término «ser» se utiliza con muchas acepciones, una de las cuales es, como decíamos, la de «ser por accidente», otra la de «ser» en tanto que «verdad» siendo el término «no ser» utilizado en el sentido de «falsedad», y teniendo en cuenta que, además de estas acepciones, existen las categorías *[ta eschemata tes categorias,* es decir las figuras del predicado] (por ejemplo la sustancia [*ti*], la cualidad [*poion*], la cantidad [*poson*], el lugar [*pou*], el tiempo [*pote*] y cualquier otro método de significar el ser) y teniendo en cuenta, además que, aparte de todas estas acepciones, existe el ser-en-potencia y el ser-en-acto —teniendo, pues, presentes las distintas acepciones en que se usa el término «ser»— debemos, en primer lugar, poner de relieve que no es posible hacer indagación especulativa alguna acerca del ser accidental» (1026 a 30-1026 b 4).

25. Cfr. nota 6 del cap. I.

26. En cuanto a este punto específico remitimos al lector a R. Thom, «Rôle et limites de la mathématisation en sciences», op. cit., en especial pág. 39.

27. Entre las posibles referencias, señalamos M. Spivak, *Calculus on Manifolds,* Benjamin, Nueva York y Amsterdan, 1965, que contiene también interesantes referencias históricas. Hay traducción castellana en Ed. Ravatí.

28. Véase en particular V. I. Arnold, «Critical points of Smooth Functions», en R.D. Janes (ed.), *Proceedings of the International Congress of mathematicians, Vancouver 1974,* Canadian Mathematical Congress 1975, vol. I, págs. 19-39, donde el lector encontrará una amplia bibliografía sobre el tema. En el volumen II de los mismos *Proceedings,* véase asimismo E. C. Zeeman, «Levels of structure in Catastrophe Theory», págs. 533-546.

29. Cfr. nota 40 del cap. II y la precedente nota 15.

30. E. C. Zeeman, C. S. Hall, P. J. Hassiron, G. H. Marriage, P. H. Shapland, «A model for institutional disturbances», en *The British Journal of mathematical and statistical Psychology,* 29 (1976), págs. 66-80; E. C. Zeeman, «Prison disturbances», en *Structural stability, the theory of catastrophes and applications in the sciences,* Springer Lecture Notes in Mathematics, vol. 525, Springer, Berlín-Heidelberg-Nueva York, 1976, págs. 402-406. Ambos artículos aparecen reproducidos en E. C. Zeeman, *Catastrophe theory,* op. cit., cap. 13 y 14 respectivamente.

31. H. J. Sussmann, R. S. Zahler, «Catastrophe theory, a critique», op. cit., págs. 126-141.

32. *Ibid.* págs. 208-209 y 211-212.

33. S. Smale, recensión de E. C. Zeeman, «Catastrophe theory. Selected papers 1972-1977». en *Bulletin of the American Mathematical Society*, 84 (1978), págs. 1360-1368. Acerca de Smale, *vid.* nota 65 del cap. II.

34. Pero las primeras intuiciones acerca de las bifurcaciones se pueden remontar a un tiempo anterior a Jacobi (1804-1851), aunque el nacimiento oficial de la «teoría» (cfr. nota 37 del cap. II) suela relacionarse con las clásicas contribuciones de Poincaré (1854-1912) a la dinámica. Cfr. R. Abraham, J. E. Marsden, *Foundations of Mechanics,* op. cit., págs. 543-544.

35. E. E. Evans Pritchard, *The Nuer. A description of the modes of livelihood and political institutions of a Nilotic people,* Oxford University Press, Nueva York-Oxford, 1940 (y diversas reediciones).

36. El primer informe del desciframiento del Lineal B lo dio Michael Ventris junto con John Chadwick en *Documents in Mycenaean Greek,* Cambridge University Press, Cambridge, 1956. El primer comunicado se hizo en 1952. En cuanto a la reconstrucción del desciframiento del Lineal B por parte de Ventris, véase J. Chadwick, *Lineare B. L'enigma della scrittura micenea* (1959), ed. ital., Einaudi, Turín, 1959.

37. K. R. Popper, *Logica della scoperta scientifica* (1959), ed. ital., Einaudi, Turín, 1970, págs. 31 y 55. Versión castellana de Víctor Sánchez de Zabala, *La lógica de la investigación científica,* Tecnos. Madrid 1962.

38. Una *caustica* es una superficie tangente al conjunto de los rayos luminosos procedentes de una fuente luminosa. Una reseña de los resultados de M. V. Berry, junto con una amplia bibliografía, se encuentra en T. Poston, I. Stewart, *Catastrophe theory,* op. cit., en especial el cap. 12.

39. *Vid.* nota 35 del cap. II.

40. D'Arcy W. Thompson, *Crescita e forma* (1917), edición reducida a cargo de J. T. Bonner (1961), ed. ital., Boringhieri, Turín, 1969. «Los términos *crecimiento y forma* que constituyen el título del libro deben entenderse (...) en relación con el estudio de los organismos. Queremos ver cómo, por lo menos en algunos casos, las formas de las cosas vivientes pueden explicarse a través de consideraciones físicas, y queremos dar cuenta de que, en general, no existen otras formas orgánicas aparte de las que respetan las leyes físicas y matemáticas. Y ya que «crecimiento» es una palabra más bien vaga para una cuestión tan compleja, que puede depender de diversas cosas que van de una simple imbibición de agua a todos los complejos resultados de la química de la nutrición, lo adecuado es estudiar el crecimiento en relación con la forma: si se produce por un simple aumento de la dimensión, sin modificación de forma, o si tal proceso comporta un cambio gradual de la forma, acompañado de un lento desarrollo de estructuras más o menos complejas» (págs. 14-15).

41. T. S. Kuhn, *The Essential Tensión. Selected Studies in Scientific Tradition and Change,* The University of Chicago Press, Chicago, 1977, pág. 25.

Epistemología y filosofía

1. Thomas S. Kuhn, *La struttura delle rivolucioni scientiche* (1962[1]; 1969[2]), trad. ital., Einaudi, Turín, 1978. Hay traducción castellana. *La estructura de las revoluciones científicas.* Fondo de Cultura Económica, México, 1975.

2. «Antes de que estos textos (los usuales manuales científicos, tanto elementales como superiores) se popularizasen a principios del siglo XIX (y en un período aún más reciente por cuanto concierne a las ciencias que sólo hace poco han alcanzado su propia madurez), muchos clásicos famosos de la ciencia asumían tal función. (Muchas obras de este tipo) sirvieron durante un cierto período para definir implícitamente los problemas y los métodos legítimos en un determinado campo de investigación para muchas generaciones de científicos. Pudieron hacerlo así porque tenían dos características comunes: los resultados que presentaban eran suficientemente nuevos como para atraer a un grupo constante de seguidores, disuadiéndolos de formas de actividad científica desafines, y, a la vez, eran lo bastante abiertos como para permitir al grupo de científicos constituido sobre estas nuevas bases la posibilidad de resolver problemas de cualquier tipo. En adelante, para indicar los resultados que tienen en común estas dos características utilizaré el término «paradigma», que tiene una relación precisa con el término «ciencia normal». Con la elección de este término he querido dejar constancia de que ciertos ejemplos de praxis científica efectiva reconocidos como válidos —ejemplos que comprenden globalmente leyes, teorías, aplicaciones e instrumentos— proporcionan modelos que dan origen a particulares tradiciones de investigación científica, de una gran propia coherencia» (T. S. Kuhn, *La struttura,* op. cit., págs. 29-30). Para un análisis en profundidad de la idea kuhniana de paradigma, *vid.* M. Masterman, «La natura di un paradigma» (1970), en I. Lakatos, A. Musgrave (eds.), *Critica e crescita della conoscenza,* ed. ita., Feltrinelli, Milán, 1976, págs. 129-163.

3. T. S. Kuhn, *La struttura,* op. cit., en particular cap. IV. «Los rompecabezas son (...) aquella especial categoría de problemas que pueden servir para poner a prueba el ingenio o la habilidad de resolverlos. (...) Mientras el valor intrínseco no es un criterio para definir un rompecabezas, sí lo es la certeza de que existe una solución. (...) Para clasificar un rompecabezas, un problema debe caracterizarse por algo más que una solución cierta. Debe haber también reglas que delimiten la naturaleza de las soluciones aceptables así como los puntos a traves de los cuales se deben obtener tales soluciones» (págs. 58-60).

4. Jean Buridan de Béthune, discípulo de Occam, célebre profesor de París, donde fue rector en 1328, muerto aprox. 1366, fue autor de una *Summa dialectica,* de un *Compendium logicae* y de comentarios a muchas obras aristotélicas. El problema que le dio mayor renombre fue el de la libertad, al que dio una solución estrictamente determinista, pues admitía una especie de libertad por cuanto la fuerza de los motivos dependen también de la razón. Según él, el hombre puede también decidirse eligiendo entre motivos externos equivalentes entre sí, a diferencia del asno, que entre dos montones de heno de la misma

190

cantidad y calidad, o entre la alfalfa y el agua de similar atractivo, se dejaría morir antes de hacer una elección. De esta comparación no hay, sin embargo, ni rastro en sus escritos; si no lo inventaron sus contemporáneos para desacreditar su doctrina se puede conjeturar que Buridán se sirvió de este ejemplo en la enseñanza oral.

5. Cfr. nota 16 del cap. III.

6. R. Thom, «Rôle et limites de la mathématisation en sciences» en *La Pensée*, n.º 195, octubre, 1977, págs. 36-42.

7. Cfr. págs. 116-117.

8. «Rôle et limites...», op. cit., pág. 40.

9. T. S. Kuhn, *La struttura,* op. cit., pág. 129.

10. P. K. Feyerabend, *Contro el metodo. Abbozzo di una teoria anarchica della conoscenza* (1975), ed. ital., Feltrinelli, Milán, 1979, pág. 131. Traducción castellana, Tecnos 1981.

11. Cfr. por ejemplo, P. K. Feyerabend, «Consolazioni per lo specialista», en I. Lakatos, A. Musgrave (eds.), *Critica e crescita della conoscenza* (1970), ed, ital., Feltrinelli, Milán, págs. 277-312. Véase también P. K. Feyerabend, *Contro il metodo,* op. cit., pág. 40-45.

12. En cuanto a Arquímedes y la utilización del cuerpo como instrumento para la adquisión y la transmisión del saber, cfr. M. Vegetti, *Il coltello e il stilo,* Il Saggiatore, Milán, 1979, pág. 147.

13. Escribían Crick y Watson («Genetical Implications of the Structure of Desoxyribonucleic Acid», *Nature* 171 (1953), págs. 962-967): «Nuestro modelo para el ácido desoxirribonucleico es, en efecto, una *pareja* de moldes, uno complementario del otro. Imaginamos que antes de la duplicación se rompen los enlaces del hidrógeno, y que las dos cadenas se separan. Cada cadena hace así de molde para la formación, en ella misma, de una nueva cadena complementaria, de tal modo que finalmente habrá dos pares de cadenas donde antes había una sola. Por otra parte, también la secuencia de las parejas de bases vendrá exactamente duplicada». (Cfr. también F. H. Portugal, J. S. Cohen, *Un secolo di DNA* (1977), ed. ital., Boringhieri, Turín, 1979, págs. 257-259.) Por «duplicación del DNA» se entiende el proceso de reproducción de las moléculas de DNA y de los cromosomas que permite el mantenimiento del patrimonio hereditario en todas las generaciones celulares (véase también la nota 56 del cap. II). La doble hélice se escindirá como consecuencia de la rotura de los enlaces de hidrógeno que unen las bases azotadas complementarias entre sí, y en el curso de tal ruptura los nucleótidos portadores de las basaes azotadas, complementarios de las bases de la molécula original, serán captados y ordenados debido a la intervención del DNA-polimerasa.

14. Cfr. págs. 14-18.

15. Hay muchos estudios sobre las principales características de la corteza terrestre; dorsales mesooceáncias, fallas transcurrentes, fosas oceánicas, bloques continentales, cadenas de montañas, distribución de los terremotos, zonas volcánicas, etc., sugieren que éstos pueden ser utilizados para definir una serie de bloques principales de la corteza terrestre, llamados precisamente *placas*. La teoria de la deriva continental (propuesta por A. L. Wegener) presupone movimientos relativos entre bloques continentales: ello haría pensar que el movimiento se produciría entre placas que pueden deslizarse una con respecto a la otra, alejándose, acercándose o superponiéndose.

16. Dicho brevemente: el *exodermo* es el estrato externo de las células que forman parte de la gástrula (cfr. nota 61 del cap. II); de él derivan la epidermis, el sistema nervioso y los órganos de los sentidos. El *endodermo* es el estrato interno de las células que forman la pared de la gástrula; de él derivan el tubo digestivo, las glándulas anexas y los pulmones. Durante el desarrollo embrional de los animales se forma un folículo embrional, el *mesodermo,* que se interpone entre el exodermo y el endodermo. De él derivan los músculos, los órganos excretores y los reproductores.

17. El *vitelio* es el conjunto de las substancias de reserva acumuladas en los ovocitos al término de la fase de crecimiento y utilizadas en los primeros estadios de desarrollo del embrión.

18. Etienne Geoffroy Saint Hilaire (1772-1844), considerado uno de los padres de la embriología, mantenía la existencia de un plan único para la organización de los animales («principio de conexión»): sobre esta base pudo descubrir un auténtico sistema dental en los pájaros, indicar la analogía entre los esqueletos de todos los vertebrados y, finalmente, considerar la cabeza como formada por un conjunto de vértebras. Acerca de la importancia de esta visión unitaria, *vid.* R. Thom, «La notion d'archétype en biologie et ses avatars modernes», originalmente en el *Bulletin de la Sociéte Kigérienne de Philosophie,* en la actualidad en R. Thom, C. Lejeune, J.-P. Duport, *Morphogenèse et imaginaire,* Editions Lettres Modernes, 1978, págs. 25-39, en especial págs. 30-31.

19. *Vid.* también L. Tesnière, *Eléments de syntaxe structurale,* Klincksieck, París, 1965. Para acceder a una más amplia discusión de la idea de Tesnière, *vid.* R. Thom, «Topologie et signification» originalmente en «Age de la Science», I, 34, 1968, actualmente en R. Thom, *Modèles mathématiques de la morphogenèse,* Unión générale d'éditions, París, 1974, págs. 193-228.

20. El ejemplo que Thom discute en el texto es el clásico con el que Aristóteles introduce la analogía sobre la falsilla de la proporción matemática (el término, por otra parte, deriva del griego y significa proporción): «La «vejez» (B) está con la «vida» (A) en la misma relación que la «noche» (D) con el «día» (C); por eso se podrá decir que la «noche (D) es la vejez del día» (B + C), (...) y también se podrá decir que la «vejez (B) es la noche de la vida «(D + A)» (Aristóteles, *Poetica,*1, 1457 b).

21. Véase en particular E. Benveniste, *Problemi di linguistica generale* (1966), ed. ital., Il Saggiatore, Milán, 1971, en especial XII («Para el análisis de las funciones causales: el genitivo latino»): «Finalmente, resulta evidente

que, en la concepción aquí considerada, la función del genitivo se define como resultante de la transposición de un sintagma verbal en sintagma nominal; el genitivo es el caso que transpone entre dos nombres la función del nominativo, o del acusativo, en el enunciado con verbo personal. Todos los demás usos del genitivo son, como se ha intentado demostrar antes, derivaciones de este planteamiento, subclases con un valor semántico particular, o variedades de naturaleza estilística» (págs. 175).

22. En cuanto a un análisis de este aspecto del pensamiento de Spencer, *vid.* R. Thom, «Les Archéthypes entre l'home et la nature, originalmente en *Bulletin de la Societé Ligérienne de Philosophie*, 1975, actualmente en R. Thom, C. Lejeune, J.-P. Duport, *Morphogenèse et imaginaire,* op. cit., págs 52-64. En especial págs. 58-61.

23. R. Thom, «Sur la typologie des langues naturelles: essai d'interprétatión psycho-linguistique», en M. Gros, M. Halle y M. P. Shutzenberger (eds.), *Formal Analysis of natural languages* (Mouton, The Hague-París, 1973); reproducido también en R. Thom, *Modèles mathématiques de la morphogenèse,* op. cit., págs. 285-313.

24. R. Thom, «La double dimensión de la grammaire universelle», aparecido originalmente en la revista «Arbeiten des Kölner Universalien Projekts», de la Universidad de Colonia, y en la actualidad en R. Thom, C. Lejeune, J.-P. Duport, *Morphogenèse et imaginaire,* op. cit. París, 1978, págs 78-90. Las observaciones de Seiler aparecieron en H. J. Seiler, «Determination: a universal dimension for interlanguage comparison», *Arbeiten des Kölner Universalien Projekts*, n.º 23, 1976.

25. En cuanto a la construcción de la aritmética a partir de los axiomas de Peano, formulados por primera vez en 1899 por el matemático y lógico italiano Giusepe Peano (1858-1932), el lector podrá consultar el tratado, aún hoy no desprovisto de interés, de F. Waismann, *Introduzione al pensiero matematico* (1936), ed. ital., Boringhieri, Turín, 1965^2, caps. 9 y 10.

26. La construcción de los números reales a partir de los racionales mediante sucesiones de Cauchy (método de completación) o mediante secciones de Dedekind fue, en una y otra fórmula, propuesta en 1872, respectivamente por G. Cantor (1845-1918) y por R. Dedekind (1831-1916). Una exposición articulada de los dos planteamientos y un balance crítico se encuentra en F. Waismann, *Introduzione al pensiero matematico,* op. cit., cap. 14.

27. Un viajante de comercio se interesa sólo por una cosa, el dinero. Sale de viaje, visita un cierto número de puntos (o ciudades) y vuelve al punto de partida: el paso directo de la *i*-ésima ciudad a la *j*-ésima le cuesta una cierta suma, c_{ij}. Su problema consiste en encontrar un itinerario que pase por todas las ciudades, minimizando el conjunto de los gastos de viaje. En cuanto a este y otros rompecabezas del análisis combinatorio, *vid.* G. C. Rota, «Analisi combinatoria», en AA. VV. *Le sienze matematiche,* (1969), ed. ital., Unione Matematica Italiana y Zanichelli, Bolonia, 1973, págs. 226-238. Para una exposición más amplia de los temas y problemas más relevantes del análisis combinatorio y de la teoría de los grafos, remitimos al lector a F. Rosenstiehl, «Com-

binatoria», en *Enciclopedia*, vol. III, Einaudi, Turín, 1978, págs. 437-500, y «Grafo», en *Enciclopedia,* vol VI, Einaudi, Turín, 1979, págs. 869-896.

28. Para una breve pero brillante exposición de algunos temas ejemplares, *vid.* el artículo de G. C. Rota mencionado en la nota precedente, en especial págs. 229-238.

29. En cuanto a las esferas abierta en un espacio euclídeo o, más en general, en un espacio métrico, cfr. nota 2 del cap. I.

30 El *niño lobo* no es más que un caso, relativamente próximo a nosotros, del *homo ferus* devuelto al primordial estado selvático. Cfr. F. Tinland, *L'homme sauvage. Homo ferus et homo sylvestris.* Payot, París, 1968.

31. «Si mi análisis de la lógica del mago es correcto, sus dos grandes principios no son otra cosa que dos distintas y malas aplicacioes del principio de la asociación de ideas. La magia homeopática se basa en la asociación de ideas por similaridad; la magia contagiosa en la asociación por contigüidad. La magia homeopática comete el error de postular que las cosas que se parecen son las mismas; la magia contagiosa comete el error de postular que las cosas que han estado en una determinada ocasión en contacto siguen siempre en contacto. (...) Las dos clases de magia, la homeopática y la contagiosa, se pueden comprender bajo el nombre genérico de magia simpática, ya que las dos afirman que las cosas actúan una sobre otra a distancia, por medio de una secreta simpatía, mientras el impulso se transmite de la una a la otra por medio de lo que podríamos considerar una especie de éter invisible, no muy distinto del que postula la ciencia moderna, con una intención del todo similar, para explicar cómo pueden influenciarse físicamente las cosas a través de un espacio que parece vacío». (J. G. Frazer, *Il ramo d'oro* (1890[1], 1900[2], edición renovada y definitiva 1911-1915; edición reducida, 1922; ed. ital., Boringhieri, Turín, 1964[2], págs. 48-49).

32. *Feromona* o *ferhormona* es una sustancia química —por lo general de secreción glandular— que se utiliza en la comunicación en el seno de una especie. Un individuo libera la sustancia como señal y otro individuo responde después de haberla gustado u olfateado.

33. O. T. Avery, C. M. MacLeod, M. McCarty, «Sudies on the Chemical Nature of the Substance Inducing Transformation of Pneumococcal Types I. Induction of Transformation by a Desoxyribonucleic Acid Fraction Isolated from Pneumococcus Type III», en *Experimental Journal of Medicine*, 79 (1944), págs. 137-158. Los autores empezaban así: «Durante mucho tiempo los biólogos han intentado producir químicamente en los organismos superiores determinadas modificaciones específicas, transmisibles como características hereditarias. La transformación de tipos específicos en el neumococo es, en los microorganismos, el ejemplo más claromoroso de una alteración específica en la estructura y en las funciones celulares que puede inducirse experimentalmente y reproducirse en condiciones controladas y bien definidas». Véase un cuadro de conjunto de la cuestión en F. H. Portugal, J. S. Cohen, *Un secolo di DNA*, op. cit., cap. 7.

Indice onomástico